Jens Dewers

Sprechtrainers Nähkästchen

Übungsbuch für Ihren erfolgreichen Auftritt

Für meine Frau.
Für meinen Sohn.
Und ganz besonders auch für Sie!

Inhalt

1. Teil – Atemtraining   5

Die natürliche Atmung, Atemkraft 1   7
Atemrhythmus und Atempausen   9
Atemkraft 2   10
Atembeweglichkeit   11
Öffnung von Atemräumen   14
Innere Arbeit, Arbeit mit Vorstellungsbildern   15

2. Teil – Training der Artikulationsorgane   18

Lippenübungen   20
Zungenübungen   24
Kiefertraining   27
Korkenübung   31

3. Teil – Training der Stimme   33

Übungen zur Stimmbildung der Sprechstimme   35
Öffnung der Halsregion   35
Körperklang und Leibresonanzen   39
Stimme, Körper und Persönlichkeit   39
Hilfen bei Stimmveränderungen durch Lampenfieber, Stress, etc.   41

4. Teil – Praktische Übungen zur Gestaltung von Sprache   43

Klang der Sprechstimme 1   44
Das richtige Tempo und Timing, Erster Übungstext   45
Spannungsausgleich   51
Umgang mit Fehlern und Unsicherheiten   53
Applaus   53
Überwindung von Schwierigkeiten   54
Gestaltung von Sprache, Klang der Sprechstimme 2   56
Zweiter Übungstext   58
Feedbackschleifen   59
Sprechen mit Mikrofon   60
Abschluss und Ausblick   62

Vorwort

Sie wollen Ihr Sprechen oder auch Ihre Stimme entwickeln? Da habe ich im Vorfeld eine gute Nachricht für Sie. Die gute Nachricht ist, dass Sie mit Veränderungen der Stimme auch das ganze Instrument mit verändern und entwickeln: Sich selbst. Sie können davon ausgehen, dass Sie automatisch, bei positiven Veränderungen an der Stimmfunktion, positive Rückwirkungen auf ihre gesamte Persönlichkeit erleben werden. Diese Veränderungen werden Ihnen gut tun.

Solche Veränderungen bekommt man allerdings nicht geschenkt. Arbeit an sich selbst ist mit Aufwand für das Einüben neuer Techniken verbunden und diese Arbeit braucht eine gewisse Zeit. Wie viel Zeit das ist, hängt von Ihren Ansprüchen und Ihrem Talent ab.

Ohne das Üben wird das Gelesene nicht aktiviert, es bleibt vielleicht zum Teil in Ihrem Gedächtnis, belegt dort jedoch nur Speicherplatz, ohne zu wirken. Das Training erst entfaltet die Wirkung.

Das Sprechen setzt sich aus drei Komponenten zusammen, die am Besten zunächst einmal getrennt voneinander geübt werden. Diese drei Komponenten sind:

1. **Atmung.**

2. **Artikulation.**

3. **Stimme.**

Dementsprechend sind diesen drei Funktionen, die ersten drei Hauptkapitel des Buches gewidmet. Das vierte Kapitel beinhaltet dann den Raum, um auf einem wesentlich höheren Niveau als es jetzt, vor Beginn der Übungsphase, möglich wäre, das eigentliche Sprechen zu trainieren.

Aber vielleicht wollen Sie das alles gar nicht wissen, sondern einfach endlich anfangen. Also gut. Kein weiteres Blabla. Action!

Teil 1: Training der Atmung

- ### Über die Atmung

Wussten Sie, dass der Mensch nur ca. 40% seines Atemvolumens tatsächlich nutzt?

Ist Ihnen bewusst, dass Atemtraining nicht nur Ihre Stimme und Ihr Sprechen, sondern auch Ihre Gesundheit verbessert?

Wird Ihnen beim Sprechen manchmal die Luft knapp?

Die Bearbeitung dieses Kapitels wird Ihnen helfen, sich Reserven zu erschließen, die Sie bisher nicht oder nur selten nutzen.

Die Atmung ist quasi der Stoff, das Material, aus dem unser Sprechen hergestellt wird. Nur sehr wenige Menschen nutzen hier Ihre Möglichkeiten wirklich aus. Das bedeutet im Umkehrschluss, dass ein großes Potenzial brach liegt. Dieses Potenzial und die positiven Begleiterscheinungen werden wir erschließen. Für Sie bedeutet das, dass der Stimme dann mehr Kraft zur Verfügung steht, dass mehr Ruhe und Sicherheit in Ihr Sprechen einzieht und last, but not least wird eine bessere Atmung Ihre Gesundheit insgesamt positiv beeinflussen.

Bevor wir praktisch üben, möchte ich Ihnen ganz kurz einige grundsätzliche Dinge über die Atmung mitteilen. Die Atmung gehört zu den lebensnotwendigen Körperfunktionen, die automatisch ablaufen und damit auch dann funktionieren, wenn wir schlafen. Des weiteren sind auch die Herz- und die Verdauungstätigkeit unabhängig von unserer bewussten Mitwirkung geregelt. So ist auch Männern wie mir, die wir ja bekanntlich nur eine Sache zur Zeit erledigen können, das Überleben möglich☺.

Die Atmung nimmt hier jedoch eine Sonderstellung ein. Anders als die Herztätigkeit und die Verdauung, können wir die Atmung direkt willentlich beeinflussen, sie verlangsamen oder beschleunigen, sie vertiefen, verkürzen oder anhalten. Damit hat sie eine Brückenfunktion inne zwischen unserem bewussten, willkürlichen und dem unbewussten, vegetativen, autonomen Nervensystem. Darauf näher einzugehen, würde an dieser Stelle aber den Rahmen sprengen und ist sicherlich nicht zielführend.

Der Atem ist der Stoff, aus dem wir unsere Sprache formen. Die Kraft des Atems ist die Grundlage der Kraft unserer Rede. Ohne Atem wären wir nicht und hätten keine Sprache. Dennoch atmen wir auf Sparflamme, tatsächlich nutzt der durchschnittliche Erwachsene nur ca. 40% seines Atemvolumens.

- **Atemtraining**

Bei der Optimierung der Atmung sind zwei Aspekte zu beachten, wenn es dazu führen soll, dass das Sprechen und die damit verbundene Gestaltung von Sprache von der Atmung getragen und nicht etwa von einer mangelhaften Atmung behindert wird.

Der erste Aspekt, der bei den nächsten Übungen im Mittelpunkt steht, ist das Ausschöpfen der ungenutzten ca. 60% Atemkapazität. Dies führt zu einem Zugewinn an Atemkraft, was einerseits der Stimmkraft zugute kommt und andererseits dazu führt, dass dann auch mehr und bessere Gestaltungsmöglichkeiten für das Sprechen gegeben sind.

Der zweite Aspekt betrifft die Beweglichkeit der Atmung, worauf ich an anderer Stelle näher eingehen werde, wenn wir zu den Übungen kommen, die die Atembeweglichkeit fördern.

Mit einigen kurzen Worten möchte ich jetzt die Wirkung der Atemübungen skizzieren. Wie bereits erwähnt, ist das Zwerchfell unser Hauptatemmuskel. Das Zwerchfell ist eine kombinierte Muskel- und Sehnenplatte, die den Brustkorb mit Lunge und Herz vom Verdauungstrakt abtrennt. Die Höhe der Aufhängung des Zwerchfelles kann man von Außen ungefähr tasten, indem man mit den Fingern den unteren Rippenrand ertastet – vorne etwas höher als hinten, das Zwerchfell ist ein wenig schräg „eingesetzt".

Bei der Einatmung ziehen die muskulären Anteile das Zwerchfell abwärts. Alle Organe, die sich unterhalb des Zwerchfelles befinden, werden dadurch zusammengedrückt, was wiederum dazu führt, dass sich die

Bauchdecke wölbt, weil das die einzige Richtung ist, in die die Organe ausweichen können. Mit Beginn der Ausatmung wird der abwärts gerichtete Zug beendet, das Zwerchfell kehrt, durch die ihm eigene Elastizität, wieder in seine Ausgangslage zurück.

Mit Übungen, die die Ausatmung bremsen, wird die Rückkehr des Zwerchfelles in seine Ausgangslage verzögert. Dazu muss der abwärts gerichtete Zug der Atemmuskulatur auch in der Ausatmung wirksam bleiben, er lässt nur langsam und stetig nach. Die Einatemkräfte wirken in der Ausatmung bremsend, was sie in der Ruheatmung nicht tun. Auf diese Weise nutzen wir die Ausatembewegung für ein zusätzliches Muskeltraining der Einatemmuskulatur. Durch diesen zusätzlichen Kraftaufwand wird Muskulatur gestärkt. Nichts anderes geschieht auch beim Hanteltraining in der „Muckibude".

- **Die natürliche Atmung & Atemkraft 1**

Für die kommende Übung ist ein ganz kurzer Blick auf die Funktionsweise der Atmung hilfreich. Das Atemzentrum liegt im ältesten Teil unseres Gehirns. Es arbeitet ähnlich einem Rauchmelder. Vom Atemzentrum ausgehend breitet sich ein System von „Messfühlern" im Körper aus. Dieses misst den Sauerstoffgehalt des Blutes. Sobald nun ein kritischer Wert unterschritten wird, geht ein Befehl von ihm aus: EINATMEN! Dieser Befehl, der *Einatemimpuls,* ist schwer wahrnehmbar, gehört aber untrennbar zu einer organischen Atmung, die dem Sprechen unschätzbare Dienste leistet. Machen wir uns also auf die Suche nach diesem geheimnisvollen *Einatemimpuls.*

Die folgende Übung ist sehr einfach und doch ungemein wirkungsvoll. Sie ist die grundlegende Übung aus dem Komplex der Atemübungen.

Ziel: Das Ziel besteht darin, dem natürlichen *Einatemimpuls* auf die Schliche zu kommen.

Ein durchaus erwünschter Nebeneffekt ist eine vertiefte Einatmung und ein Kräftigungstraining für das Zwerchfell, unserem Hauptatemmuskel. Damit verbunden ist dann eine bessere Ausnutzung der Atemräume der Lunge und eine Verlangsamung des Atemrhythmus. Die tiefere Einatmung erreichen wir über die sogenannte Lippenbremse bei der Ausatmung.

1. Übung:
1. Übungsintervall:
Setzen Sie sich aufrecht auf einen Stuhl. Nehmen Sie sich fünf Minuten Zeit, lassen Sie den Alltag für diese Zeit ruhen.
Atmen Sie langsam, aber kräftig aus und formen dabei mit den Lippen ein deutlich hörbares „FFF".
Das Geräusch soll gleichmäßig, mit konstanter Kraft gebildet werden, es soll nicht schwächer werden, bis Sie etwa 75% der vorher eingeatmeten Luft verbraucht haben.
Dann öffnen sie die Lippen und lassen den Rest verbrauchter Luft drucklos entweichen. Die Ausatmung schwingt aus, analog einem Uhrpendel.
Irgendwann, am natürlichen Wendepunkt, folgt dann der *Einatemimpuls*, d. h. Ihr Körper holt sich den nächsten Einatem.

Bitte forcieren Sie an dieser Stelle den Atem nicht, *holen* Sie keine Luft, sondern *lassen* Sie die natürliche Einatmung zu, *geben* ihr einfach nur Raum!
Auf der Höhe der Einatmung befindet sich der zweite Wendepunkt.
Mit der beginnenden Ausatmung formen Sie wieder das „FFF" und verfahren nun weiter, wie beim ersten Mal. Führen Sie diese Übung acht Mal aus und machen dann eine Pause.

Es kann dabei vorkommen, dass Ihnen schwindelig wird. Verkürzen Sie in diesem Falle die Übungsintervalle und gehen früher in die Pause. Dieses Schwindelgefühl stellt sich dann ein, wenn Sie Ihrem Körper mehr Sauerstoff zuführen, als er gewohnt ist. Dies ist normal und kein Grund zur Beunruhigung! Achten Sie auf Ihren Körper und seine momentanen Grenzen, überschreiten Sie diese Grenzen nicht voreilig. Mit ein wenig Übung werden Sie dann mühelos den Achterrhythmus erreichen.

PAUSE

2. Übungsintervall:
Wiederholen Sie die Übung, formen aber dieses Mal ein scharfes, konstantes „SSS".

PAUSE

3. Übungsintervall:
Für das dritte Übungsintervall ändern wir noch ein Mal das Geräusch und nehmen nun ein „SCHHH"

Spüren Sie einen Unterschied, eine Vorliebe für eines der Geräusche?

Sollte sich diese Vorliebe immer wieder einstellen, dann können Sie sich nach einer Weile ganz auf dieses eine Geräusch konzentrieren und fortan nur noch mit diesem Geräusch üben.
Die Dauer der Übung sollte immer (mindestens) drei Intervalle umfassen.

Haben Sie Ihren natürlichen, organischen *Einatemimpuls* schon gefunden, ihn zu erspüren gelernt?

Wahrscheinlich gelingt es Ihnen noch nicht jedes Mal. Manchmal holt man zu früh, ein anderes Mal vielleicht etwas zu spät, Luft. Dieser Impuls ist sehr flüchtig, er neigt dazu zu verschwinden, sobald man ihn beobachten will. Für den Anfang reicht es aus, ihn kennen zu lernen. Sie werden ihn mit einiger Übung immer öfter finden und je häufiger Sie ihn finden, um so mehr werden Sie ihn lieben!

Warum lieben? Weil das Zulassen des natürlichen Einatemimpulses der Schlüssel zu sehr tiefer Entspannung sein kann.

- **Atemrhythmus & Atempausen**

Beim aufmerksamen Üben haben Sie wahrscheinlich die Pause zwischen Aus- und Einatmung bemerkt. Diese Pause ist sehr wichtig, ihr gebührt daher ein eigener Raum. Meinen Lehrerinnen war es derart wichtig, dass sie die Atmung in drei Phasen einteilten: Ausatmung,

Pause, Einatmung. Ich schilderte Ihnen ja, bei der Erklärung der letzten Übung, bereits die Tätigkeit der Einatemmuskulatur während der Ausatmung. Nur im Ausschwingen der Atmung, in diesem geräuschlosen Teil VOR der Einatmung, ist die Atemmuskulatur völlig gelöst und frei von jeder eigenständigen Aktivität. Sie bewegt sich zwar, jedoch nur gezogen von der natürlichen Elastizität des Zwerchfelles, das in seine Ruhelage zurückkehrt. Die Muskulatur ist locker und unbeteiligt und kann in diesen kurzen Intervallen entspannen. Darin liegt der besondere Wert dieser dritten Atemphase. Diese Pause dauert pro Atemintervall nur knapp ein bis zwei Sekunden. In der natürlichen Ruheatmung nimmt sie zwar nicht den gleichen Zeitraum, wie die „bekannteren" Atemphasen Ein- und Ausatmung, ein, sie ist diesen jedoch durchaus gleichberechtigt. Mutter Natur hat sich etwas dabei gedacht!

Da ich in der Praxis immer wieder beobachten kann, wie diese Pause unter Stress plötzlich verschwindet, weil die Sprecher ihren Ausatem bis auf das letzte Quäntchen auszureizen versuchen (was sehr unvorteilhaft aussieht und das Sprechen auch sehr behindert), möchte ich an dieser Stelle betont den Appell an Sie richten: Achten Sie diese Pause und halten sich an den vorgegebenen Rhythmus. Ein oberflächliches Üben an dieser Stelle kann sich, im späteren Verlauf, nachteilig auf Ihr Sprechen auswirken.

- **Atemkraft 2**

2. Übung – Atemkraft:
Für diese Übung benötigen Sie den Trinkhalm und die Schere.

Nehmen Sie den Trinkhalm zwischen die Lippen. Lassen Sie die Atemluft nur mehr durch den Trinkhalm ein- und ausströmen, benutzen Sie ihn wie einen Schnorchel. Wenn es Ihnen zu anstrengend wird, machen Sie eine Pause.

Wie geht es Ihnen mit dieser Übung?
Was geschieht dabei in Ihrem Körper?
Warum ist das so anstrengend?
Bitte spüren Sie so gut und so sorgfältig in sich hinein, wie es möglich ist.

In welchen Regionen des Körpers zeigt sich die Anstrengung zuerst?
Wo zeigt sie sich am deutlichsten?

(Auf diese Weise können Sie „Baustellen" in Ihrem Körper orten. Wo es am meisten zwackt, da haben Sie den größten Trainingsbedarf.)

Weiter mit der Übung. Haben Sie beim ersten Versuch eine deutliche Atemnot verspürt? Dann nehmen Sie jetzt die Schere zur Hand. Kürzen Sie den Trinkhalm um ein Viertel. Sollte Ihnen die Übung beim ersten Mal keine Schwierigkeiten bereitet haben, dann brauchen Sie die Schere nicht. Lassen Sie den Trinkhalm, wie er ist.

Wiederholen Sie nun die „Schnorchel-Übung" für die Dauer von 90 Sekunden.

Achtung! Bitte halten Sie sich beim Üben einmal kurz die Nase zu, um festzustellen, ob Sie wirklich nur durch den „Schnorchel" atmen. „Hilft" die Nase beim Atmen? Dann halten Sie sie weiter mit den Fingern zu, um den vollen Trainingseffekt zu gewährleisten.

Legen Sie danach eine kurze Pause ein und wiederholen die Übung ein drittes Mal.

• **Atembeweglichkeit**

Jetzt haben Sie bereits zwei sehr wichtige Elemente von Atemtraining kennen gelernt: Sie sind der natürlichen Atmung ein Stück näher gekommen und haben Ihre Atemkraft trainiert. In der folgenden Übung kommt ein dritter Aspekt zum Tragen. Es geht nun um die Beweglichkeit der Atemmuskulatur. Dadurch, dass ein gewohntes Atemmuster jahraus, jahrein „gepflegt" wird, geschieht mit der Atemmuskulatur etwas, was mit jeder Muskulatur passiert, die immer auf die gleiche Weise genutzt wird: Die Muskeln verkürzen sich und verlieren an Beweglichkeit und Geschmeidigkeit. Wer jemals nach längerer Pause wieder begonnen hat, Sport zu treiben, weiß wovon ich spreche. Bewegungen, die früher einfach und selbstverständlich waren, fallen plötzlich sehr schwer, verursachen Schmerzen oder sind sogar nicht mehr möglich. Natürlich greifen diese Mechanismen auch in Bezug auf das Zwerchfell. Ohne Training verliert dieses nicht nur an Kraft, sondern auch an Flexibilität. Folgende kleine Übung steigert die Flexibilität des Zwerchfelles sehr nachhaltig und sehr schnell. Innerhalb weniger Tage sind in der Regel bereits deutliche Verbesserungen der Zwerchfellbeweglichkeit festzustellen.

3. Übung - Atembeweglichkeit:
Wollte ich diese Übung betiteln, würde ich sie „Kirschkernweitspucken" nennen. Um nicht auf die nächste Kirschsaison warten zu müssen, bedienen wir uns auch hier wieder einem Vorstellungsbild.

Stellen Sie sich also vor, sie hätten einen Kirschkern im Mund. Diesen wollen Sie nun so weit wie möglich spucken. Sie können dabei sitzen oder stehen, ganz wie sie wollen.
Stellen Sie sich nun weiter vor, dass in einer Entfernung von fünf Metern vor Ihnen ein Blecheimer bereit steht, in den Sie Ihren Kirschkern hinein spucken werden.

Damit ein Kern so weit fliegt, muss man sehr viel Muskelspannung aufbauen.
Das erste Spannungsfeld ist die Lippenmuskulatur. Schließen Sie Ihre Lippen sehr fest.
Jetzt kommt ein Spannungsaufbau der Atemmuskulatur hinzu, besonders gut spürbar im Bereich der Bauchmuskeln. Die Bauchmuskeln gehören zur so genannten Atemhilfsmuskulatur. Von hier aus wird ein starker Ausatemdruck aufgebaut, der aber zunächst nicht entweichen kann, weil Ihre Lippen noch immer fest geschlossen sind und weil Sie auch keine Luft durch die Nase entweichen lassen.
Ist der Druck stark genug, so dass Sie meinen, der Kern würde jetzt fünf Meter weit fliegen, öffnen Sie die Lippen und spucken den imaginären Kern in den bereitstehenden Eimer.
Sie benötigen dafür nur etwa einen Mund voll Luft, das entstehende Geräusch (ein stimmloses P) soll kurz und trocken klingen...

Ist Ihr Kern fünf Meter weit geflogen? Sie wissen die Antwort. Passen Sie gegebenenfalls die Spannung an, erhöhen oder senken sie, so lange, bis Sie den imaginären Eimer treffen.

PAUSE

Sie haben jetzt den richtigen Druck justiert. Dies allein steigert aber noch nicht die Beweglichkeit des Zwerchfelles. Dazu bedarf es der Wiederholung.

Jetzt stellen Sie sich vor, sie spuckten in kurzer Folge viele Kirschkerne. Natürlich jeweils fünf Meter weit.

Ohne Pause, ohne leere Zwischenatmung.

Sie brauchen dafür nach dem Spucken nur eine sehr geringe Menge Luft wieder zu ergänzen, denn es reicht ja ungefähr ein Mund voll Luft, um einen Kern fünf Meter weit fliegen zu lassen. Nach jedem Kern atmen sie genau die Menge Luft wieder ein, die Sie für das „Spucken" verbraucht haben.

Atmen Sie mehr ein, entsteht das Gefühl, als würden Sie bald platzen. Atmen Sie weniger ein, entsteht bald Atemnot.

Finden Sie *Ihren* Rhythmus, finden Sie die Balance zwischen aus- und eingeatmeter Luftmenge. Sie haben Ihren natürlichen Rhythmus gefunden, wenn Sie diese Übung für mindestens eine Minute konstant, relativ schnell, durchführen können. Sollten Sie früher ermüden, dann machen Sie es wahrscheinlich zu schnell. Drosseln Sie dann die Frequenz ein wenig und *finden* Sie die Balance. Üben Sie so schnell wie möglich, aber stets so, dass weder Schwindel, noch Atemnot oder Entkräftung, noch Langeweile eintritt.

Zählen Sie die Kirschkerne, die Sie pro Minute auf die Reise schicken können. Nach einer Woche Training, mit täglich drei bis vier einminütigen Intervallen, werden Sie am Ende der Woche feststellen, dass Sie nun bereits eine Steigerung der Geschwindigkeit um bis zu 30% mühelos bewerkstelligen können.

Lassen Sie nach der Übung und in den Pausen Ihren Atem jeweils zur Ruhe kommen. Folgen Sie dabei dem natürlichen Atemfluss. Warten Sie auf den organischen Einatemimpuls und *geben* der Einatmung Raum, ohne sie zu *ziehen* oder bewusst Luft zu *holen* (siehe 2. Übung).

Jetzt kennen Sie schon die wichtigsten Atemübungen. „Warum so wenige?", wird vielleicht so mancher fragen. Natürlich könnte ich noch eine Vielzahl anderer Atemübungen anbieten. Zwei werden noch folgen. Ich möchte an dieser Stelle betonen, dass ich es für wichtiger halte, wenigen Übungen auf den Grund zu gehen, wirklich Tiefe zu erreichen, als das Angebot zu sehr in die Breite gehen zu lassen und damit möglicherweise Verwirrung zu stiften oder auch demotivierend zu wirken. Weniger ist hier mehr.

Das einzige Thema, das noch von Wichtigkeit ist, bislang aber aus gutem Grunde nicht berührt wurde, ist die Körperhaltung. Ein krummer Rücken, generell gebeugte Haltung, hochgezogene Schultern, ... Natürlich haben Fehlhaltungen Auswirkungen auf die Atemfunktion und die Atemräume. Nur werde ich natürlich nicht an Ihrer Statik herumbasteln, ohne Sie gesehen zu haben. Dafür gibt es Spezialisten auch an Ihrem Wohnort. Bitte suchen Sie diese bei Bedarf auf.

- **Öffnung von Atemräumen**

4. Übung – Öffnung von Atemräumen:

Legen Sie sich bitte auf den Rücken. Die Arme liegen seitlich, ungefähr im 45°-Winkel zum Körper, die Handflächen zeigen zur Decke. In dieser Haltung, mit nach oben zeigenden Handflächen, können Ihre Schultern optimal entspannen. Damit wird gleichzeitig der Brustkorb geöffnet, die Rippen fächern sich ein wenig breiter auf, die Zwischenrippenmuskulatur wird leicht gedehnt. Der einströmenden Atemluft sind auf diese Weise weniger Grenzen gesetzt. Nun üben Sie in dieser Haltung den natürlichen Atemfluss. Verfahren Sie dabei wie in Übung 2.

- **Innere Arbeit, Arbeit mit Vorstellungsbildern**

Zum Abschluss:
Ich möchte Ihnen jetzt noch weitere Einsatzmöglichkeiten für Vorstellungsbilder aufzeigen. Sobald Sie die Augen schließen und sich in ein Vorstellungsbild begeben, übt diese Vorstellung eine ganz spezifische Wirkung auf Sie aus. Ihr Nervensystem kann kaum einen Unterschied, zwischen einer realen Wahrnehmung und einem selbst geschaffenen Phantasiegebilde, ausmachen. Beispiel gefällig?

> Stellen Sie sich intensiv Ihre Lieblingsspeise vor.
> Riechen Sie den Duft,
> spüren Sie die Konsistenz im Mund,
> kauen Sie und schmecken die Aromen ...

Was geschieht? Vermehrter Speichelfluss setzt ein.
Ihr autonomes Nervensystem bereitet automatisch den Verdauungsvorgang vor. Es reagiert auf die bloße Vorstellung genau so, als gäbe es tatsächlich gleich etwas leckeres zu essen.

Diese Mechanismen kann man sich zu nutze machen, wenn man ein wenig trainiert. Es heißt nicht umsonst: Vorstellungs*kraft*. Wir haben es mit einer realen Kraft zu tun. Wie jede andere Körperkraft kann man sie durch Training mehren und sehr reale Ergebnisse damit erzielen.

5. Übung – Training der Vorstellungskraft:

Diese Übung kann mit der 4. Übung kombiniert werden, indem Sie sie ohne Unterbrechung einfach folgen lassen. Damit profitieren Sie von der Entspannung, die mit dem Üben in Rückenlage und dem Praktizieren der natürlichen Atmung einher geht. Sie liegen also wieder auf dem Rücken und praktizieren die natürliche Atmung.

Nun stellen Sie sich vor, Sie befänden sich an einem Strand am Meer. Das innere Bild, das Sie erhalten, kann sich aus einer Erinnerung speisen, vielleicht taucht aber auch ein bisher unbekanntes Gestade vor Ihren inneren Augen auf. Es macht keinen Unterschied.

Sollten mehrere Bilder um Ihre Aufmerksamkeit „konkurrieren", dann entscheiden Sie sich bewusst für ein einziges – alle anderen sind nicht verloren, sondern Sie können sie zu einem späterem Zeitpunkt betrachten und erleben.

Betrachten Sie nun dieses innere Bild vom Meeresstrand. Schauen Sie sich um, machen sich mit der Umgebung vertraut. Gewinnen Sie zunächst einen groben Überblick und achten Sie dann auch auf einige Details. Nehmen Sie sich als in diesem Bild befindlich wahr, werden Sie ein Teil davon...

Wechseln Sie nach einer Weile den Fokus Ihrer inneren Aufmerksamkeit und *lauschen* nun innerlich. Welche Geräusche gibt es dort, in diesem inneren Erlebnisraum, zu hören? Das Rauschen der Brandung oder eher das Plätschern kleiner Wellen? Das Schreien von Möven, Stimmen von Menschen oder der Wind, der Fahnen flattern lässt und in den Ohren saust...

Nun *riechen* Sie! Genießen Sie die salzige, frische Meeresluft, die eine Wohltat für Nase, Rachen, Hals und Lunge ist. Vielleicht liegt auch der Duft von Sonnenmilch in der Luft?

Jetzt *spüren* Sie! Spüren Sie den Wind, der durch Ihr Haar und über Ihre Haut weht. Spüren Sie den Sonnenschein und den Sand unter Ihren Füßen...

Genießen Sie es! Machen Sie einen Spaziergang am Strand, stürzen sich in die kühlenden Fluten, nehmen ein Sonnenbad, bauen eine Sandburg oder essen ein leckeres Eis...

Sie werden sehen, es ist gar nicht schwer. Wer täglich bei der Arbeit seine Leistung bringt, braucht regelmäßig Entspannung zum Ausgleich. Mit einer solchen Phantasiereise schlagen Sie mehrere Fliegen mit einer Klappe. Angespannte Muskulatur lässt locker, Atmung wird vertieft und beruhigt, ein unruhiger Geist wird konzentriert und die Vorstellungskraft wird trainiert. Sie haben einen Mini-Urlaub, wann immer Sie sich Zeit dafür nehmen, mit allen positiven Auswirkungen auf das Nervensystem, ohne das Risiko eines Sonnenbrandes und es kostet Sie keinen Cent.

Worauf warten Sie noch?

Vorstellungsbilder wirken unmittelbar, sofort. Sind sie erst einmal ein gewohntes Instrument geworden, reichen einige Augenblicke, um die gewünschten Resultate zu „ernten".
Nehmen Sie sich regelmäßig ein wenig Zeit dafür. Ich mache es jeden Abend vor dem Schlafen. Vielleicht möchten Sie es lieber am Morgen oder während einer Pause tun? Wie auch immer, wann auch immer: Ihr Nervensystem wird es Ihnen danken.

Teil 2: Training der Artikulationsorgane

Wissen Sie, wie man sehr gut verständlich spricht, ohne die Stimme zu belasten?

Wünschen Sie sich manchmal eine Sprechweise, die Ihnen mehr Gehör verschafft?

Wurden Sie schon einmal wegen der Deutlichkeit und Verständlichkeit Ihres Sprechens besonders gelobt?

Der zweite Teil beschäftigt sich mit der präzisen Formung der Sprachlaute durch Lippen, Zunge und Kiefer. Mit der Artikulation geben wir der Sprache Ihre Konturen, Ihr Gerüst. Die Präzision der Artikulation entscheidet darüber, ob wir gut verstanden werden. Überdies vermittelt eine gute Artikulation dem Gegenüber das Gefühl der Achtung und Zugewandtheit, Sie können damit also Atmosphäre positiv gestalten. Schenken Sie diesem Bereich große Aufmerksamkeit, die Wirkungen werden Ihrem Auftreten u. a. Stärke, Sicherheit, optimale Verständlichkeit und Verbindlichkeit verleihen.

Der Komplex des Artikulationstrainings ist derart wichtig, dass ihm ein eigener Raum gebührt. Was tun Sie, wenn Sie das Gefühl haben, dass Sie nicht gehört werden oder man Ihnen nicht die nötige Aufmerksamkeit widmet? Wenn Sie etwas wichtiges zu sagen haben? Wenn Geräusche stören? Und wenn dann noch der Kloß im Hals sitzt...?

Viele Menschen werden dann einfach lauter sprechen, mit mehr Kraft und Druck in der Stimme. Sie versuchen die Widerstände im Hals oder die Widrigkeiten in der Umgebung durch einen höheren Krafteinsatz zu überwinden. Erhöhter Stimmdruck kann auf Dauer schädlich für die Stimme werden. Ganz zu schweigen von der Tatsache, dass Ihr Gegenüber den hohen Druck spürt und sich möglicherweise "unter Druck gesetzt" fühlt. Für Ihre Sympathiewerte ist das sicherlich nicht förderlich.

Zu allem Überfluss bringt dieses Bemühen, nach den Gesetzen der Akustik, in vielen Situationen nicht den gewünschten Erfolg. Woran liegt das?

Menschliche Stimmen nutzen einen bestimmten Frequenzbereich. Wir teilen uns diesen Frequenzbereich natürlich mit anderen Menschen und zudem noch mit Autos, Motorrädern, Mofas, Klimaanlagen, Rasenmähern und anderen Errungenschaften der modernen Zivilisation. Der Störschall verschluckt gewissermaßen unsere Worte. Die Steigerung der Lautstärke ist nicht die geeignete Option zur Schaffung von Abhilfe. Lärm kann man nicht wirksam durch noch größeren Lärm bekämpfen.

Der Ausweg aus diesem Dilemma liegt in der Nutzung anderer Frequenzen. Wir können durch eine sorgfältige Formung der Sprachlaute Frequenzen generieren, die höher sind als die meisten anderen Geräuschquellen. So lässt sich die Verständlichkeit steigern, ohne lauter sprechen zu müssen. Theaterschauspieler, die ohne Mikrofon in großen Sälen auftreten, sollen ja auch in den letzten Reihen noch verstanden werden. Schauspieler artikulieren in der Regel sehr viel präziser als andere Menschen und werden somit gut verstanden. Ein Training der Artikulationswerkzeuge ist für diesen Beruf unabdingbare Voraussetzung. Der Grund für die gute Verständlichkeit liegt unter anderem darin, dass die hohen Frequenzen der Lippen- und Zungenlaute sich oberhalb der Frequenzen des Störschalls befinden. Dadurch breiten sich die Schwingungen ungehindert aus, man sagt, sie tragen sehr gut und weit. Interessant oder? Die Sprache wird von den feinsten Frequenzen, mit den schnellsten Schwingungen, am weitesten in den Raum *getragen*.

Wozu aber nun ein eigenständiges Training für diesen Bereich? Kann man sich nicht einfach bemühen, deutlich zu sprechen, gut zu artikulieren? Natürlich kann man das tun, nur klingt das Resultat leider genau so: „Bemüht deutlich", „hölzern" und "steif"!

Worin besteht nun der Unterschied zur Artikulation von Sprechprofis? Ganz einfach: Der Unterschied liegt im Trainingsaufwand. Artikulationstraining bewirkt eine Zunahme von Geschmeidigkeit, Beweglichkeit und Präzision von Lippen, Zunge und Kiefer. Das Resultat ist eine optimal verständliche Sprache, die selbstverständlich leicht, deutlich und präzise klingt und nicht bemüht oder „hölzern".

Artikulationstraining entlastet die Stimme und vermindert den Druck im Hals erheblich.

Lippenübungen

Wie eben bereits angedeutet, haben wir für ein umfassendes Artikulationstraining drei Bereiche zu berücksichtigen: Lippen, Zunge und Kiefer. Wir starten mit einem Trainingsprogramm für die Lippen.

Vielfach mangelt es den Lippen sowohl an Spannung, wie auch an Geschmeidigkeit, Beweglichkeit und Fülle. Das Sprechen hat dann etwas vernuscheltes und ist schwer zu verstehen, gerade in größeren Räumen. Als Kompensation wird, wie schon gesagt, häufig einfach lauter gesprochen. Was haben wir dann? Einen nuschelnden Lautsprecher ☺!

Für die folgenden Übungen benötigen Sie gelegentlich einen Spiegel. Wenn Sie nicht dauernd ins Bad rennen wollen, halten Sie jetzt bitte einen Schmink- oder Frisierspiegel bereit, das ist einfacher und reicht völlig aus.

1. Übung – Spannung und Fülle:

Spitzen Sie die Lippen und halten sie gespitzt.
Spitzen Sie sie noch mehr!
Spannen Sie den Lippenringmuskel so stark an, wie es geht.
Schauen Sie in den Spiegel und probieren aus, ob es nicht noch ein wenig spitzer geht.
Halten Sie die Spannung so lange, wie Sie können...
...und lassen dann los.

PAUSE –

Spüren Sie nun Ihre Lippen. Spüren Sie das Blut, wie es jetzt in Ihre Lippen strömt? Spüren Sie, dass sich die Lippen jetzt wesentlich voluminöser anfühlen? Waren Ihre Lippen jemals derart wach?

Spitzen Sie nun wieder Ihre Lippen mit höchster Spannung und schauen Sie in den Spiegel.
Bewegen Sie jetzt den gespitzten Mund seitwärts in Richtung rechtes Ohr.

Bitte nehmen Sie auch die Oberlippe mit!
Halten Sie den spitzen Mund rechts für 30 Sekunden fest.
Wechseln Sie nun ohne Pause und ohne Spannungsverlust nach
links und halten dort für 30 Sekunden.
Danach bewegen Sie die spitzen Lippen rhythmisch hin und
her, ohne Spannung zu verlieren.
Bewegt sich Ihre Nasenspitze mit?
Gut. Wenn sie das nicht macht, haben Sie hier erhöhten
Übungsbedarf...

2. Übung – Fülle und Geschmeidigkeit:

Kneten, reiben und ziehen Sie Ihre Lippen. Massage lockert das
Gewebe, erhöht die Geschmeidigkeit und fördert die Durchblu-
tung. ACHTUNG: Gehen Sie die Massage bitte etwas vorsichti-
ger an. Bei mir zeigen sich nach zu starkem Kneten Rötungen,
die aussehen, als hätte mir jemand auf den Mund geschlagen.
Finden Sie Ihr ganz persönliches, rechtes Maß.

3. Übung – Lockerheit und Beweglichkeit:

Machen Sie einen lockeren Schmollmund. Lassen Sie durch den
geschlossenen Schmollmund Luft entweichen. Sie erhalten dabei ein Geräusch: Prrrrrr oder brrrrr. Die Lippen flattern und vibrieren. Die Übung nennt sich „Lippentriller". Atmen Sie zehn
Mal so lange aus, wie die Lippen vibrieren.

Viele Menschen können diese Übung nicht ausführen, weil die
Lippen nicht vibrieren wollen. Das entstehende Geräusch ist
pfffff oder bfffff. Besonders Menschen mit dünnen Lippen haben hier Probleme. Versuchen Sie es mit ganz kurzen Ausatem-
schüben, manchmal (nicht immer!) gelingt so eine kurze Folge
von pr-pr-prr. Sind die Lippen zu dünn oder zu fest, können sie
nicht locker vibrieren. Die erste und zweite Übung sind dann
um so wichtiger, sie können mittelfristig Abhilfe schaffen.

Welche Geräusche können Sie mit Ihren Lippen noch produzieren? Es gibt eine Vielzahl von Möglichkeiten.

- Wenn Sie durch Ihre sehr fest und breit geschlossenen Lippen Luft hinauspressen, gibt es ein recht hohes Geräusch, das am Ehesten an quietschende Autoreifen erinnert.

- Ein anderes Geräusch entsteht, wenn Sie durch einen fest geschlossenen Kussmund Luft pressen. Dieses Geräusch entsteht zumeist in der Mitte der Lippenöffnung. So wird Trompete gespielt. Ohne Trompete klingt es wie ein...

- Es ist auch möglich dieses Geräusch in den Mundwinkeln entstehen zu lassen. Eine Steigerung des Trainingseffektes ergibt sich, wenn Sie die Luft abwechselnd durch den linken und rechten Mundwinkel pressen.

- Ziehen Sie Ihre Lippen zwischen die Zähne, bauen im Mund Ausatemdruck auf und lassen dann die Lippen plötzlich los. Ein „Plopp" ertönt.

- Eine weitere Übung, die die Lippen trainiert, ist das Pfeifen. Das muss ich sicherlich nicht gesondert erklären, die meisten Menschen können es. Ein besonderer Vorteil ist, dass das Pfeifen die Stimmung aufhellt und dass man es fast überall tun kann, ohne seltsame Grimassen zu schneiden.

- Produzieren Sie „Luftküsse". Es gibt kleine, feine und sanfte Luftküsse, es gibt ganz lang gezogene und es gibt laut schmatzende, die an einen feuchten Kinderkuss erinnern.

- Eine Übung kennen Sie schon vom Atemtraining. Es ist das Spucken von imaginären Kirschkernen.

- Zusätzlich gibt es auch noch lautloses Lippentraining.

- Aus der Kindertherapie für Sprachfehler stammt: „Breitmaulfrosch – Spitzmaulfrosch", wechseln Sie von dem Einen zum

Anderen, mit entsprechendem Gesichtsausdruck.

- Sie können auch abwechselnd lächeln und einen „Trauer-flunsch" ziehen

- oder abwechselnd rechts und links einseitig lächeln.

Abschließend nehmen Sie sich bitte irgendeinen Text und lesen ihn laut. Spüren Sie dabei die Aktivität Ihrer Lippen. Spüren Sie die Beschaffenheit der *Lippen*laute und verlängern diese, wo es möglich ist:

*Www*asser, *Fff*isch, *Mmm*olch oder auch Ap*fff*el, So*mmmm*er...

Spüren Sie den Klang, anstatt ihn nur zu hören.
Spüren Sie das Vibrieren und das Zischen Ihrer Lippen.
Damit lernen Sie Sprache zu *fühlen* UND Sie entlasten Ihren Hals.

Im Gegensatz zu den Atemübungen, finden Sie hier eine Fülle von mög-lichen Trainingsvarianten. Probieren Sie sie ruhig alle aus, mischen sie durcheinander und trainieren Sie sie in unterschiedlichen Zusammensetzungen. Lassen Sie sich etwas Neues einfallen. Ergänzen Sie Ihre Lieblingsübungen, oder die, die Sie besonders nötig haben und machen es auf Ihre Weise. Hier geht es um Fitness und nicht um Tiefe!

Jede Art von Fratzen, die Sie mit Ihren Gesichtsmuskeln erzeugen können, steigert deren Beweglichkeit. Setzen Sie sich vor Ihren Spiegel und schneiden Sie nach Herzenslust Grimassen. Das Üben muss keine ernste Angelegenheit sein ☺.

Im Rahmen des Artikulationstrainings beschäftigen wir uns mit der Lautgruppe der Konsonanten. Die Konsonanten bilden das Gerippe der Sprache, das tragende Skelett. Ohne die Konsonanten hätten wir nur einen amorphen (formlosen) Brei von Tönen und Lauten, ähnlich dem Gebrüll von Affen.

Konsonanz ist das Mitschwingen oder Mittönen. Die Konsonanten schwingen mit den Vokalen, grenzen sie voneinander ab und geben ihnen ihre charakteristische Form und Eigenart im sprachlichen Zusammenhang. Vokale allein ermöglichen schon den Austausch von Gefühlen. Erst durch die Verwendung von Konsonanten wird es möglich, komplexere Sinnzusammenhänge zu transportieren und Gedanken auszutauschen.

Gedanken sollten so klar und einfach wie möglich sein, damit jeder sie verstehen kann. Der Ursprung der modernen Sprache, wie wir sie heute verwenden, liegt in den Gedanken. Wollen wir unsere Gedanken klar ausdrücken, müssen wir sie in eine klare Sprache einbetten. Die geschriebene Sprache benutzt zur Übermittlung der Gedanken eine Vielzahl von Zeichen und Regeln. Je besser wir die Zeichen und Regeln beherrschen, um so größer werden Verständlichkeit und Ausdrucksfähigkeit.

In der gesprochenen Sprache verfließen diese Grenzen und Regeln und häufig verringert sich dadurch die Verständlichkeit. Ursache dafür sind beispielsweise regionale Dialekte und Mundarten, aber eben auch eine unpräzise Artikulation. Das Einhalten der Regeln, auch in der gesprochenen Sprache, erleichtert die zwischenmenschliche Kommunikation und das gegenseitige Verständnis.

Zungenübungen

Der nächste Trainingsbereich, der uns beschäftigen wird, ist die Zunge. Im Therapiebereich, in dem ich seit einigen Jahren zu Hause bin, ist die Zunge das Hauptarbeitsfeld. Offenbar fällt die Steuerung der Zunge beim Erlernen des Sprechens am Schwersten. Die meisten Menschen lernen es schließlich doch irgendwann, dass die Laute so klingen, wie sie sollen. Was sollen wir dann noch trainieren?

Wieder ist es die Präzision, die bei den meisten Menschen durchaus noch ausbaufähig ist. Dazu ist wiederum Spannung vonnöten. Wer beispielsweise einen Kloß im Hals verspürt, hat zu viel Spannung an der falschen Stelle. Lassen Sie uns also etwas dafür tun, die Spannung nach vorn zur Zunge zu holen...

1. Übungsfeld – Sensibilisierung der Zunge:

Ich möchte Ihnen, zu den einzelnen Übungsfeldern, jeweils Sammlungen von einzelnen Übungen vorstellen, in denen Sie sich für Ihr Üben nach eigenem Ermessen bedienen können. Für alle, denen diese Form zu wenig Struktur bietet: Machen Sie einfach alle Übungen ☺.

- Malen oder schreiben Sie mit der Zunge und benutzen dazu Ihren Gaumen als Leinwand. Malen Sie großflächig mit breiter Zunge und zeichnen oder schreiben mit ganz spitzer Zunge.

- Zählen Sie mit der Zunge Ihre Zähne, indem Sie jeden Zahn einzeln erspüren. Am Oberkiefer geht das relativ einfach, unten dagegen ist es sehr viel schwieriger, da die unteren Schneidezähne so klein sind... Machen Sie danach noch eine weitere Zählung. Man wundert sich, wo da manchmal plötzlich die zusätzlichen Zähne herkommen oder wohin die Zähne verschwunden sind, die eben noch da waren ☺.

- Kaufen Sie sich eine Packung Salzgebäck in unterschiedlichen Formen. Da gibt es Sterne, Monde, Brezel, Dreiecke, Fische etc. in einer Packung. Greifen Sie blind hinein oder lassen Sie sich das Gebäck von einer anderen Person auf die Zunge legen und ertasten mit der Zunge die Form. Ein schönes Spiel, das Ihre Kinder lieben werden, falls Sie welche haben.

- Noch ein Ratespiel: Nehmen Sie Salz, Zucker, Zimtzucker, unterschiedliche Geschmacksrichtungen Brausepulver, unterschiedliche Gewürze... Auch dies ist geeignet, Ihre Zunge zu sensibilisieren.

2. Übungsfeld – Zungenbeweglichkeit:

- Strecken Sie Ihre Zunge lang und spitz heraus.

- Formen Sie mit der Zunge eine Rinne.

- Versuchen Sie, Ihre Zunge zu verdrehen.

- Berühren Sie mit beiden Zungenrändern gleichzeitig die Backenzähne. Es ergibt sich eine breitere Rinne.

- Lassen Sie die Zunge schnell aus dem Mund schießen und ziehen sie dann ganz langsam wieder zurück.

- Lassen Sie die Zunge ganz langsam aus dem Mund „herauskriechen" und ziehen sie dann schnell wieder hinein.

- Schnalzen Sie.

- Schnalzen Sie mit abwechselnd breiten und spitzen Lippen – Pferdegetrappel.

- Schnalzen Sie einen Rhythmus.

- Schnalzen Sie eine Melodie.

- Saugen Sie die Zunge am Gaumen an, halten sie dort eine Weile fest angesaugt und reißen sie anschließend los.

- Saugen Sie die Zunge am Gaumen an. Öffnen und schließen Sie nun mit fest angesaugter Zunge den Mund.

- Üben und spüren Sie das „Zungen-R".

- Sollten Sie das nicht können, machen Sie so schnell es geht D-D-D-D...

3. Übungsfeld – Zungenkraft:

- Lassen Sie Ihre Zunge im Mundvorhof (zwischen Zähnen und Lippen), mit Druck der Zungenspitze gegen die Lippeninnenseite, ganz, ganz langsam kreisen. Dreimal rechts und dreimal links herum.

- Wiederholen Sie diese Übung, nur dieses Mal schneller.

- Drücken Sie kräftig von Innen mit der Zunge eine Beule in Ihre Wange. Wechseln Sie die Seite – erst langsam, dann schneller.

- Versuchen Sie mit der Zunge einen Finger oder Kaffeelöffel wegzudrücken, geben aber so viel Widerstand, dass das nicht gelingt.

- Versuchen Sie Finger oder Kaffeelöffel mit der Zunge seitwärts zu verschieben, lassen die Zunge aber nicht „gewinnen".

Kiefertraining

Jetzt bleibt uns noch das Training des Kiefers. Achten Sie doch einmal darauf, wie manche Menschen ihre Sprache geradezu „durch ihre Zähne quetschen", kaum den Kiefer öffnen, geschweige denn bewegen. Die Sprache klingt dann in der Regel sehr monoton. Außerdem ergibt sich eine Art Stau im Hals. Auch ein "Kloß - im - Hals – Gefühl" kann durch mangelhafte Kieferöffnung mit verursacht werden. Mangelnde Beweglichkeit des Kiefers lässt eine gute, präzise Artikulation nicht zu und hat obendrein noch starke, negative Auswirkungen auf den Klang der Vokale.

Nun also zur Kiefergymnastik, der letzten Baustelle im Bereich Artikulationstraining.

1. Übung – Massage des Kaumuskels:
Legen Sie bitte zuerst einmal die Finger auf die Wangen, damit Sie genau spüren können, wo eigentlich der Kaumuskel sitzt. Beißen Sie nun die Zähne zusammen und lassen wieder los, beißen wieder zu und lassen wieder los, beißen, loslassen...

Beim Zubeißen können Sie unter Ihren Fingern spüren, wie sich eine Beule bildet, die mit dem Loslassen wieder verschwindet. Diese Beule ist der große Kaumuskel, der stärkste Muskel unseres Körpers!

Jetzt bitte den Unterkiefer ein Stück weit herunterfallen lassen, so dass die Zunge zwischen den Zähnen Platz hätte.

Beginnen Sie nun vorsichtig (!), mit kreisenden oder schüttelnden Bewegungen, diese Muskeln, auf beiden Seiten gleichzeitig, mit den Fingern zu massieren. So sind sie für die nächsten Übungen schon einmal etwas geschmeidiger und lösungsbereiter...

2. Übung – Dehnung des Kaumuskels:

Bitte führen Sie diese Übung vor einem Spiegel aus.

Legen Sie die Handballen beider Hände auf Ihren Jochbeinen (das sind die Knochen unter Ihren Augen) ab.
Streichen Sie mit einem gewissen Druck, mit den Händen, ganz langsam, abwärts, bis Sie den Unterkieferknochen spüren.
Die Hände sollen jetzt den Unterkiefer mitnehmen, ihn öffnen, allerdings sanft und behutsam, ohne ihn mit Gewalt aufzureißen.
Der Unterkiefer sollte eher zur Öffnung geführt werden, so wie der Mann, beim klassischen Paartanz, die Frau führen sollte...

Achtung: Die Öffnungsbewegung gerät manchmal ins Stocken, dann bitte nicht gleich aufgeben. Die Muskeln brauchen manchmal ein bis zwei Sekunden Pause, bevor sie wieder lösungsbereit sind. Das Ausstreichen kann also in ungleichmäßigen Abschnitten, mit Pausen vonstatten gehen oder auch relativ geschmeidig in einem Rutsch. Im Falle einer Stockung der Bewegung warten die Hände, oder streichen leer weiter, bis der Kiefer sich eventuell noch weiter öffnen lässt.

Schätzen Sie anhand des Spiegelbildes ab, wie viel Prozent Öffnung Sie auf diese Weise erreichen. (In meinen Kursen reicht die Skala von 20 bis 100%, bunt gemischt durch alle Berufs- und Altersgruppen.)

Sollten Sie den Mund durch das Ausstreichen nicht weiter als geschätzte 60% öffnen können, lässt sich mit einem kleinen Trick vielleicht noch mehr herausholen: Simulieren Sie beim Ausstreichen ein Gähnen. Beim Gähnen ist die Lösungsbereitschaft der Kaumuskeln am größten.

Wiederholen Sie das Ausstreichen bitte wenigstens acht Mal, ganz langsam.

3. Übung – Geschmeidigkeit der Kaumuskeln:

Lassen Sie den Unterkiefer locker ein Stück weit hängen, die Zahnreihen etwa einen Zentimeter weit geöffnet, wie bereits in der ersten Übung.

Sollte das lockere Loslassen des Kiefers Ihnen Schwierigkeiten bereiten, kommt hier ein Vorstellungsbild zur Erleichterung.

„Stellen Sie sich vor, Sie hätten eine sehr reiche Erbtante. Nun erfahren Sie vom Tode der alten Dame und werden zur Testamentseröffnung geladen. Sie können das Geld gut gebrauchen und haben schon weit reichende Pläne geschmiedet. Der Testamentsvollstrecker eröffnet Ihnen aber, dass das gesamte Vermögen an den Tierschutzverein geht...“

Ja, genau so, wie beim enttäuschten Erben oder Erbschleicher, fällt ein lockerer Unterkiefer - wenn auch unfreiwillig. In unserem Falle soll es absichtlich geschehen, denn es gehört ja zur Übung.
Lassen Sie jetzt den Unterkiefer gaaanz langsam erst nach rechts, dann nach links wandern. Eine Schaukelbewegung ergibt sich, wie bei einem Uhrpendel.

Ist die Bewegung gleichmäßig? Gibt es Stockungen? Führen Sie

die Bewegung so gleichmäßig und geschmeidig wie möglich aus. Hier hilft wieder ein Blick in den Spiegel beim Üben.
Sollten dabei Stockungen oder ruckartige Bewegungen auftreten, ist das ein Zeichen dafür, dass Ihre Kaumuskeln noch zu wenig geschmeidig sind. Das ist durchaus nicht ungewöhnlich, denn in der Hauptsache werden diese Muskeln ja zum Kauen gebraucht. Sie „kennen" daher oft nur zwei Zustände: Fest und locker.
Bei dieser langsamen Bewegung wird ein langsames Lösen gefördert und gefordert. Die Muskeln lösen nicht als Ganzes, sondern sie lösen Muskelfaser für Muskelfaser. Einseitige Beanspruchungen lassen die Muskelfasern verkleben und eben diese Verklebungen wollen wir lösen, weil wir für eine gute Artikulation einen lockeren Kiefer brauchen.

Sollten Sie ein Knacken im Kiefergelenk verspüren, wählen Sie den Radius der Übung etwas kleiner.

Der Übungsablauf in Kürze:

Lassen Sie den Unterkiefer für 90 Sekunden ganz langsam und gleichmäßig hin und her schaukeln.

PAUSE

Jetzt führen Sie die gleiche Bewegung schnell aus. Den Unterkiefer ausschütteln.

PAUSE

Wiederholen Sie diesen Ablauf noch zwei weitere Male.

Variante:
Verschieben Sie den Unterkiefer auch vorwärts und rückwärts, in der gleichen Weise, wie oben beschrieben.

Die Korkenübung

Nun sind wir am Ende des Trainings für die Artikulationswerkzeuge an-
gekommen. Lassen Sie mich dieses Thema mit einigen Anmerkungen
beschließen. Vielleicht haben Sie schon einmal ein Rhetorikseminar be-
sucht?! Dort wird häufig eine einzige Übung angeboten, die das Training dieses gesamten Übungskomplexes überflüssig machen soll: Die
Korkenübung. Dazu nimmt man einen Korken zwischen die Zähne und
spricht, mit diesem Hindernis, ein gewisse Zeit lang. Nach dieser Übung
ist es tatsächlich so, dass Sie automatisch besser artikuliert sprechen...

Ich habe gegen diese Übung mehrere Einwände.

1. Die Wirkung ist sehr flüchtig. Sie fallen schon bald, spätestens
   nach einigen Minuten, wieder in Ihr altes Sprechmuster zurück.

2. Sie können in Situationen wie beispielsweise diese geraten: Sie
   sitzen entspannt im Meeting oder einer Verkaufsverhandlung
   Ihrer Firma. Der Abteilungsleiter stellt ein Projekt vor, ist aber
   stark erkältet. Er wendet sich plötzlich an Sie: „Mustermann,
   Sie sind doch mit dem Inhalt unserer Arbeit bestens vertraut.
   Würden Sie bitte die Präsentation für mich fortführen?"
   Dann können Sie nicht fluchtartig das Zimmer verlassen, zum
   nächsten Discounter flitzen, sich eine Flasche „Buxtehuder
   Nachtschatten" kaufen und diese leeren, damit Sie einen Kor-
   ken zur Vorbereitung der Präsentation haben...

   Mit meinem, zugegebenermaßen aufwändigeren, Übungsprogramm sind Sie in einer solchen Situation wesentlich besser
   vorbereitet, weil dann die sorgfältige Artikulation bereits in Ihrem Körpergedächtnis abgespeichert ist. Sie können diesen
   Speicher jederzeit benutzen, so wie Sie es zum Fahrradfahren
   auch tun. Die Wirkung ist beständig und nachhaltig. Dieses
   Körpergedächtnis ist auch der Schlüssel zur Überwindung des
   „Kloß – im – Hals – Gefühls". Dieses Übungsprogramm enthält
   alle notwendigen Werkzeuge, die Sie für ein freies Sprechen benötigen. Durch Übung werden diese Methoden Ihnen in
   „Fleisch und Blut" übergehen und dadurch können Sie sie jederzeit abrufen.

3. Sie können sich beim Üben mit dem Korken gar die Kaumuskeln zerren, weil diese nicht die nötige spontane Lösungsbereitschaft aufweisen. Die Folge ist ein schmerzhafter Vortrag und die Notwendigkeit, wenigstens drei Tage lang nur flüssige Nahrung zu sich zu nehmen.

Ich habe in Seminaren, in denen ich als Teilnehmer und nicht als Gruppenleiter saß, schon häufig die Rückmeldung erhalten, dass es eine Freude sei, mir zuzuhören, weil ich so klar und gut verständlich spreche. Dies ist mir nicht bewusst. Es ist einfach durch Training automatisiert.

Teil 3: Die Stimmfunktion

Hat Ihre Stimme das gewisse Etwas, das Zuhörer neugierig und aufmerksam macht?

Ist Ihnen bekannt, dass Ihr Stimmklang eine fünffach größere Wirkung entfaltet, als der Inhalt der Rede?

Hört man Ihnen gerne beim Sprechen zu?

Jetzt erst ist es an der Zeit, sich mit der Stimme zu beschäftigen.

In diesem Abschnitt arbeiten wir am Stimmklang. Sie lernen Ihren Körper, als Raum für Klang und Resonanz, voll auszunutzen und Ihre Stimme frei schwingen zu lassen. Sie finden Ihre *natürliche* Stimmfunktion, frei von unbewussten Einflüssen, Einschränkungen und Filtern. Sie entfernen überflüssigen Druck und gewinnen Kraft und Volumen.

Stimme wirkt. Sie bestimmt zu 39% über die Wirkung der sprachlichen Botschaft, wogegen dem Inhalt nur 7% zufallen. Die Körpersprache, Haltung und Bewegungen machen den Rest aus, satte 54%. Die Worte transportieren Informationen, sie wenden sich an das Bewusstsein. Die Stimme transportiert Ihre Persönlichkeit, sie wirkt auf das Unterbewusstsein. Ihre Stimme entscheidet darüber, ob das „Bauchgefühl" Ihrer Gesprächspartner oder Zuhörer ein Gutes oder ein Mulmiges ist.

Diese ersten drei Teile allein machen jedoch noch keinen guten Sprecher. Diese mechanischen Grundlagen müssen erst ins das Körpergedächtnis einsinken, bevor sie in der Lage sind, den Ausdruck Ihrer Persönlichkeit zu tragen. Sie müssen in Fleisch und Blut übergehen. Dies erreichen Sie durch Übung. Darum folgt in diesem Trainingsprogramm noch ein vierter Teil, der Ihnen hilft, die Grundlagen mit Leben zu erfüllen.

Nun will ich Ihnen Werkzeuge an die Hand geben, mit denen Sie direkt auf Ihre Stimme Einfluss nehmen können. Das Ziel besteht in einem freien, weiten Halsgefühl und in einer natürlichen Stimmfunktion, mit einem vollen, weichen und kräftigen Stimmklang.

Viele Stimmen weisen erheblich mehr Druck auf, als natürlicherweise vonnöten wäre. Viele Menschen sprechen permanent mit Nachdruck. Es ist zu einer unbewussten Gewohnheit geworden und hat sich, vielfach bereits im Kindesalter, fest etabliert. Wie kommt es dazu? Wir lernen über Erfolgserlebnisse. Bitte betrachten Sie einmal folgendes Szenario.

Ein Kind will ein Eis.

Mutter (bestimmt): „Nein, Du hattest bereits kurz nach dem Mittagessen einen Lutscher. Jetzt gibt es kein Eis!"
Kind (weinerlich): „Ich will aber ein Eis!"
Mutter (immer noch sicher): „Nein, jetzt nicht!"

An dieser Stelle findet vielleicht ein längerer Wortwechsel statt. Ich will es abkürzen und Ihnen zwei mögliche Fortsetzungsvarianten vorstellen, mit ganz unterschiedlichem Lerneffekt für das Kind.

1. Variante:

Kind (entwaffnend lächelnd): „...und wenn ich Dir verspreche, heute ganz doll lieb zu sein. Kriege ich dann ein Eis?"

Mutter (nachgebend): „Na gut, aber nur eine Kugel."

Was lernt dieses Kind? Vielleicht etwas in der Art: „Ich muss lieb sein und lächeln, ich muss bereit sein, etwas zu geben, dann bekomme ich, was ich will."

2. Variante:

Kind (bohrend, mit einem Unterton, der signalisiert: Ich gebe nicht auf und nerve Dich so lange, bis Du mir ein Eis kaufst.): „Ich *will* aber ein Eis. Ich will, ich will, ich will..."

Mutter (will Frieden, schaut verschämt auf die umstehenden Passanten, gibt auf): „Na gut, aber Du musst mir versprechen, danach lieb zu sein..."

Was lernt das zweite Kind? „Ich muss nur genug Druck (in die Stimme) geben, dann erreiche ich meine Ziele!"

So entstehen Gewohnheiten. Auch Ihre Stimme hat vielleicht eine ähnliche Geschichte. Hier ist der Platz, sich von den Folgen und Gewohnheiten zu lösen und neue, erwachsene Gewohnheiten zu bilden, die der jeweiligen Situation angemessen sind.

Bevor ich nun noch tiefer in die Psycho-Kiste greife, will ich lieber zur Praxis zurückkehren und Ihnen die erste Übung vorstellen.

Übungen zur Stimmbildung der Sprechstimme

- **Öffnung der Halsregion**

  1. Übung – Öffnung der Halsregion:
  Bei dieser Übung kommt es zunächst einmal darauf an, dass Sie Ihre Selbstwahrnehmung, so gut es geht, aktivieren. Nicht alle Menschen können gleich gut nach Innen spüren. Für die Umsetzung der Stimmübungen ist die Fähigkeit sich auch innerlich spüren zu können jedoch von herausragender Bedeutung, denn man kann nur bewusst ändern, was man auch spüren kann.

  1. Schritt:
  Bitte hauchen Sie Atemluft aus und lauschen dabei auf das oder die entstehende(n) Geräusch(e).

  Wo entstehen diese Geräusche?

  Bei sorgfältigem Spüren sollten Sie diese Bereiche ziemlich genau eingrenzen können. Merken Sie sich die Stelle(n) fürs Erste gut.

  Atemgeräusche entstehen durch Verwirbelungen von Luft. Es ist sehr interessant, diese Luftverwirbelungen genau lokalisieren zu können. Es handelt sich bei diesen Stellen häufig um jene Zonen, wo überflüssige Muskelspannungen wirken.

2. Schritt:
Versuchen Sie jetzt, absolut geräuschlos zu hauchen.

Beginnen Sie dabei mit ganz geringem Luftdruck. Sobald Ihnen das gelingt, können Sie langsam den Ausatemdruck steigern. Bleiben Sie aber unbedingt bei einem lautlosen Aushauch.

Gelingt Ihnen das?

Sie sollten so lange bei diesem Schritt verweilen, bis Ihnen das lautlose Hauchen sicher gelingt.
Wenn nicht heute, dann eben morgen.
Oder übermorgen.
Manchmal muss man über eine Übung schlafen, damit sich unbemerkt etwas umstellen kann.

Wir sind gerade an einer wirklichen Schlüsselstelle. Meistens sind sowohl bei unbeabsichtigten Ausatemgeräuschen, wie auch bei einer eng und gepresst klingenden Stimme, als auch für den Kloß im Hals die sogenannten Schlundschnürer im Spiel. Der Name verrät schon, wo diese Muskeln sich befinden, eben im Schlund. Diese Muskeln hat der liebe Gott eigentlich zum Schlucken gemacht. Schlucken wir gerade nicht, sollten diese Muskeln entspannt und inaktiv sein. Leider ist dies häufig nicht der Fall.

Die Schlundschnürer befinden sich auch im Einsatz, wenn wir unserer Stimme Nachdruck verleihen wollen. Wer gewohnheitsmäßig mit hohem Stimmdruck spricht, leidet möglicherweise unter dauernden Verspannungen genau dieser Muskeln. Kommt dann noch Stress hinzu, fühlt es sich so an, als hätte man einen Kloß im Hals...

Für die Fortsetzung der Übungsanleitung setze ich jetzt also voraus, dass Sie inzwischen lautlos hauchen können.

3. Schritt:
Beginnen Sie mit einem geräuschvollen Hauch und wechseln

noch *während der selben Ausatmung*, nachdem Sie ungefähr die Hälfte der eingeatmeten Luft ausgehaucht haben, in den geräuschlosen Modus.

Wiederholen Sie dies so lange, bis Sie fast mühelos in der Lage sind, vom geräuschvollen zum geräuschlosen Modus zu wechseln. Nach der Meisterung des zweiten Schrittes, sollte Ihnen dieser Teil bald gelingen!

4. Schritt:
Bilden Sie jetzt ein stummes, gehauchtes „Hoooo". Die Lippen sollten dazu unbedingt eine runde Öffnung formen. Nehmen Sie den Spiegel zu Hilfe, denn was sich rund anfühlt, ist es häufig in der Realität noch lange nicht. Den Klang des „Hoooo" nur vorstellen. Wir sind immer noch beim lautlosen Hauchen (!) und formen mit dem lautlosen Hauch ein imaginäres „Hoooo".

5. Schritt:
Lehnen Sie sich einen Augenblick zurück, schließen die Augen und folgen mit Ihrem Bewusstsein dem natürlich fließenden Atem...

Jetzt stellen Sie sich vor, Sie seien an der See. Es ist ein sehr nebliger Tag, man kann kaum 50 Meter weit sehen und was man sieht, hat sehr unscharfe Konturen.

Sie sind eingehüllt in feuchten Nebel und kein Lüftchen regt sich.

Sie können in der Ferne das Tuten von Schiffshörnern großer Schiffe hören – auch der Klang dieser Signalhörner scheint keine Konturen zu haben. Sie klingen eigenartig hohl und gedämpft und der Klang scheint aus keiner bestimmten Richtung zu kommen. Bitte verinnerlichen Sie diesen Klang der Schiffshörner, prägen ihn sich gut ein.

Dann versuchen Sie den Klang stumm zu imitieren...

Einige Hürden waren möglicherweise aus dem Weg zu räumen,

doch jetzt ist er da, der Moment für den Einsatz Ihrer Stimme. Bitte imitieren Sie die Schiffshörner im Nebel, aus der kleinen Phantasiereise. Produzieren Sie dafür ein gehauchtes „Hoooo", wie Sie es schon stumm geübt haben.

Stellen Sie den Hals ganz weit, so wie es für den lautlosen Hauch nötig ist. Tönen Sie so leise wie möglich.

Setzen Sie Ihre Stimme ganz sanft und weich ein.

Achten Sie auch darauf, möglichst keine Luftverwirbelungen zu erzeugen, damit es keine Nebengeräusche gibt...

Bitte legen Sie beim Tönen doch mal Ihre Hände auf unterschiedliche Stellen des Körpers, auch im Rücken (das kann auch Ihr Partner machen). Spüren Sie die Schwingungen des „Hoooo"?

Wo spüren Sie die?

Wie tief im Körper lassen sich noch Vibrationen wahrnehmen?

Die wahrgenommenen Schwingungen sind ein Indiz dafür, wie frei und offen Ihr Hals schon ist. Füllen die Vibrationen des Stimmklanges satt den Brustkorb und sind vielleicht sogar im Rücken noch schwach in der Gegend von Magen und Solarplexus spürbar? BINGO! So soll es sein!

Nehmen Sie sich eine Woche Zeit zum Üben, bevor Sie mit der nächsten Übung fortschreiten. Planen Sie täglich 20 Minuten dafür ein, beginnend mit der zweiten Atemübung. Dann folgt das Aufwärmen der Artikulationswerkzeuge, Lippen, Zunge und Kiefer. Anschließend der lautlose Hauch auf „Hoooo" und erst ganz am Schluss nehmen Sie die Stimme aktiv dazu.

- **Körperklang und Leibresonanzen**

Dieser Absatz richtet sich nur an die Personen, die kaum Brust-korbresonanzen spüren konnten. In meinen Seminaren sehe ich an dieser Stelle immer den gleichen Fehler: Es wird noch mehr Druck gegeben, um die Schwingungen nötigenfalls mit Gewalt nach unten zu drücken. *Das* funktioniert *nicht*! Bei niemandem!

Der Druck im Hals fungiert wie ein Schwingungsfilter, er dämpft den Klang auf dem Weg nach unten. Hals und Kopf mögen dröhnen, darunter spielt sich jedoch immer noch nichts ab. Sie nutzen Ihren Klangkörper noch nicht. Damit der Körper mitschwingen kann, ist Entspannung vonnöten.

Entspannung wird nicht „gemacht", schon gar nicht mit Druck, sondern Entspannung wird „gelassen"!!!

Nehmen Sie sich noch etwas mehr Zeit für das wirklich tiefe Ausloten der Hauchübungen und dann probieren Sie die Stimm-übung doch mal lächelnd (!) unter der Dusche oder in der Bade-wanne (!). Das wirkt manchmal Wunder.

Variante:
Tönen Sie ruhig auch mit einem sanft angehauchten „Haaaa". Der Laut wird natürlich etwas anders geformt, der Mund ist weiter geöffnet. Sonst gilt die Übungsanleitung für das „Hoooo" weiter. Es gibt einen Unterschied im Körperklang. Beim „Haaaa" schwingt wirklich nur der Brustkorb mit, der Klang reicht nicht so tief, wie beim freien „Hoooo".

- **Stimme, Körper und Persönlichkeit**

Dies ist ein Übungsprogramm. Die Stimmgebung ist ein sehr komplexer Vorgang. Ungezählte, zum Teil sehr kleine, Muskeln sind im ganzen Körper direkt und indirekt daran beteiligt. Die Koordination dieser Mus-keln will geübt werden. Alte Sprechgewohnheiten, die sich über viele Jahre gebildet haben, sollen durch Neue ersetzt werden. Das geht nicht im Handumdrehen. Die Veränderungen müssen sich setzen, im Körpergedächtnis verankert werden.

Wenn Sie ein gutes Körpergefühl haben, kann es sein, dass Sie durch Aha – Erlebnisse sprunghaft und schnell lernen. Bei manchen Menschen verläuft der Fortschritt unspektakulär und kaum merklich. In jedem Fall wird es eine Weile dauern, bis Sie sich ein solides und sicheres Fundament angeeignet haben. Dann aber sind die Veränderungen auch beständig abrufbar.

Diese und die folgenden Übungen werden höchstwahrscheinlich Ihre Stimme verändern. Der Klang wird voller und gleichzeitig weicher. Veränderungen der Stimme ziehen weiter reichende Folgen nach sich, von denen Sie wissen sollten.

Zum Einen beschert es Ihnen ein anderes Selbstgefühl. Die Stimme ist Ausdruck der Persönlichkeit, sie *stimmt* mit dieser überein. Mit der Veränderung der Stimme arbeiten wir gleichzeitig an der Persönlichkeit. Eine weiche Stimme fördert die weichen Eigenschaften der Persönlichkeit, eine natürlich kräftige Stimme bringt Sie in Ihre natürliche Kraft. Selbstvertrauen steigt. Ein lange vergessenes Gefühl der Gelassenheit, Stärke, aber auch von natürlicher Würde o. ä. im positivsten Sinne kann sich einstellen, muss jedoch auch immer wieder wachgerufen werden, um in einer Situation wirksam zu sein.

Der andere Punkt ist der, dass Sie sich allerdings auch darauf gefasst machen müssen, dass Ihr näheres Umfeld zunächst irritiert auf Ihre veränderte Stimme reagiert. Direkte Familienmitglieder merken in der Regel nichts, sie sind ja täglich bei dem Prozess dabei. Freunde und Verwandte, die Sie eine Weile nicht gesehen haben, werden die Veränderungen aber wahrscheinlich wahr nehmen. Vielleicht sind diese Menschen leicht irritiert und sagen das eventuell auch. Sie waren Bestandteil eines eingefahrenen Systems, welches bestimmten ungeschriebenen Gesetzen gehorcht, in dem jeder eine bestimmte, angestammte Rolle spielt. Diese Rollenverteilung bringen Sie nun ins Wanken, wenn Sie plötzlich eine größere Kraft ausstrahlen. Ein neues Gleichgewicht muss gefunden werden und dazu werden Sie sich behaupten müssen! Diese eingefahrenen Strukturen eignen sich hervorragend als Experimentierfeld. Die Versuchung, in der gewohnten

Rolle zu bleiben, ist groß. Ich wünsche Ihnen viel Kraft und Erfolg bei der Etablierung neuer, starker Persönlichkeitsfacetten. Es wird sich für Sie lohnen.

Sind die Änderungen schon stabil? Können Sie relativ mühelos, weich, sanft, auf entspannte Weise tönen? Ja?! O.K., dann weiter.

- **Hilfen bei Stimmveränderungen durch Lampenfieber, Stress, etc.**

Bevor wir die Auswirkungen von Stress, Nervosität, Lampenfieber oder Angst auf die Stimme in der nächsten Übung praktisch erfahren, möchte ich Ihnen zuerst einige Informationen zum Thema geben. Wie auch immer wir diese Phänomene benennen, sie lösen alle bestimmte körperliche Prozesse aus. Hormone werden frei. Dies geschieht aus gutem Grund. Die Hormone erhöhen Ihre Leistungsfähigkeit. Wenn Sie lernen, diese zusätzlichen Energien richtig einzusetzen, können Sie sie bald als Unterstützung benutzen, anstatt Sie als störend abzulehnen und mit ihnen zu hadern.

Zu Beginn des Kurses sprach ich bereits vom Phänomen Lampenfieber. Johannes Rau sprach am Ende seiner politischen Karriere, schon als Bundespräsident, einmal ganz offen über sein Lampenfieber. Er äußerte sich sinngemäß so: Ein Auftritt ist für mich eine Mischung aus Transpiration und Inspiration. Schauspieler äußern sich sehr ähnlich. Der Tenor: Viele haben, selbst nach Jahren oder gar Jahrzehnten erfolgreicher Karrieren, noch immer schlimmes Lampenfieber vor ihren Auftritten. Merkt man es ihnen an? Nein. Sie haben gelernt damit umzugehen.

Dieser Umgang mit den Energien ist immer aktiv. Beim Versuch, diese Energien zu unterdrücken, wird Ihr Kopf noch mehr zu glühen beginnen, das Zittern wird stärker, die Atmung spielt verrückt und der Stand wird wackelig. Selbst Redner, die fest verwurzelt an einem Platz stehen, weil ihnen das Kraft gibt, bewegen die Arme, den Kopf, den Rumpf. Ihr Körper spricht aktiv mit. Sie sind sich dieser Bewegungen vielleicht nicht im vollen Umfange bewusst, lassen sie jedoch ganz bewusst zu.

Wer das vor dem Spiegel übt, wird vielleicht anfangs nur ein Zucken wahrnehmen: "Oh, da war ein Bewegungsimpuls. Ich habe mich nicht getraut, ihn zuzulassen." Mit der Zeit können Sie diese Impulse zunächst zulassen und sie später dann ganz bewusst gestalten, um Ihrem Auftritt Lebendigkeit und Schwung zu verleihen und das Publikum zu fesseln.

Während meiner Ausbildung war mir dies alles noch nicht bewusst. Ich versuchte, meine Nervosität zu verstecken. In den Prüfungen, während meiner Ausbildung, musste ich auf der Bühne nicht nur Texte sprechen und Lieder und Arien singen, nein ich musste sogar noch Klavier spielen. Ich war so nervös und zitterte vor Nervosität derart, dass ich teilweise die Tasten nicht richtig traf und stattdessen gleich zwei Tasten auf einmal betätigte. Das Ergebnis hatte nur wenig mit Wohlklang zu tun. Dabei spielte ich die Stücke auswendig, um mich nicht mit Blicken auf das Notenblatt abzulenken. Es war furchtbar, ich blieb stecken, machte Fehler – doch es musste weitergehen. Das Examen stand auf dem Spiel. Irgendwie kam ich durch. Danach dann wieder singen und sprechen – in *diesem* Zustand. Auch das ging, sogar ziemlich gut. Abends war ich dann total euphorisch. Der Grund war weniger das Bestehen des Examens, sondern lag eher darin:

Es gab zuvor nur wenige Momente in meinem Leben, in denen ich mich derart lebendig gefühlt habe.

Natürlich habe ich auch jetzt noch Lampenfieber, wenn ich als Kursleiter und Trainer agiere. Immer ist es eine Mischung aus Angst und Euphorie. Adrenalin braust durch den Körper. Besonders der Beginn ist dann manchmal schwer, der Kopf ist gerötet und ich bin anfangs noch nervös. Doch ich habe gelernt damit umzugehen, Bewegung, Mimik und Gestik aktiv zu gestalten. Inzwischen möchte ich diese Situationen nicht mehr missen.

Teil 4: Praktische Übungen zur Gestaltung von Sprache.

Können Sie Zuhörer begeistern und mitreißen?

Gelingt es Ihnen, mit Ihrer Sprache Spannung zu erzeugen?

Können Sie Ihren beruflichen Erfolg durch gutes Sprechen steigern?

Im vierten Teil bauen wir das, was in den ersten Teilen gelernt wurde, zu einem stimmigen Gesamtpaket zusammen.

Ein mittelmäßiger Inhalt macht „unter der Gewalt eines vollendeten Vortrags mehr Eindruck, als der vollendetste Gedanke, bei dem der Vortrag mangelt".

Dies wusste schon vor 2000 Jahren der berühmte römische Schriftsteller und Redner Quintilian, von dem auch dieses Zitat stammt. Was nützt das perfekte Konzept oder die geniale Idee, wenn sie lasch, monoton, schwer verständlich und ängstlich vorgetragen werden?

Wissen bleibt ungenutzt, Informationen verpuffen wirkungslos, wenn sie nicht adäquat vermittelt werden.

Die oben dargestellte These wirkt auf allen Ebenen des Wissenstransfers. Sie gilt an Schulen und Universitäten ebenso, wie in Betrieben und Konzernen, im Handel, in der Politik, in jeder Art von zwischenmenschlichem Kontakt.

Sie lernen in diesem Abschnitt Sprache und Atmosphäre zu gestalten und Spannung zu erzeugen. Sie trainieren den Umgang mit Tempo, Timing und Dynamik. Sie lernen den Umgang mit Fehlern, Unsicherheiten und Lampenfieber. Und Sie erhalten wichtige Tipps für das Sprechen mit Mikrofon.

- **Klang der Sprechstimme 1**

  Für die folgende Stimmübung stellen Sie sich bitte einmal vor, Sie müssten ein wildes Kind bändigen. Dieses tun Sie dann aus zwei unterschiedlichen Rollen und auch unterschiedlichen Situationen.

1. In der ersten Variante übernehmen Sie die Rolle des lieben Großvaters oder der lieben Großmutter, die den größten Stress des Lebens schon hinter sich haben und daher voller Ruhe und Liebe mit dem Kind sprechen können.

2. In der zweiten Variante spielen Sie die Rolle von total gestressten Eltern. Das Kind hat gerade vor fünf Minuten bereits einen Blumentopf samt Inhalt zertrümmert, der neue Teppich ist nass und dreckig und Sie sind mit den Nerven am Ende. Jetzt sprechen Sie den folgenden Satz zwei Mal:

Zuerst sanft und dann genervt:

> *„Stell (bitte) die Vase wieder hin!"*

Wiederholen Sie diese Übung dann noch mit den folgenden Sätzen:

> *„Sei bitte mal eben leise, ich kann nichts verstehen!"* (Beim telefonieren)

> *„Du sollst hier drin nicht Fussball spielen!"*

Natürlich können Sie sich auch selber etwas ausdenken...

Essentiell wichtig bei dieser Übung ist, dass Sie ein gutes Gespür dafür entwickeln, was jeweils in Ihren Hals passiert. Wie die Stimme in der ersten, entspannten Version sanft schwingt und wo der Druck sich aufbaut, wenn Sie den Stress simulieren.

Mit dem Meistern dieser Übung haben Sie es in der Hand, Ihren Stimmklang zu gestalten.

Ich sage ganz bewusst nicht, dass Sie Ihre Stimme nun besser verstellen können. Wie auch immer Sie sie klingen lassen, es ist *Ihre* Stimme, die von Teilen *Ihrer* Persönlichkeit gefärbt wird!

Im obigen Beispiel konnten Sie bewusst spüren, wie der Einfluss von Stress, Aufregung oder Lampenfieber auf Ihre Stimme wirken kann.

Damit wir das Ziel des Kurses im Auge behalten, ist es mir wichtig, dass Sie sich jetzt an die erste Stimmübung, das "Nebel-Hooo", erinnern. Wie war das, bei der ersten, entspannten Interpretation? War Ihre Stimme dabei wirklich weich und sanft?

Waren Hals und Rachen weit?

Konnten Sie die Einstellungen, die dem weichen, gehauchten Tönen zu Grunde liegen, in das Sprechen übertragen?

Bitte üben Sie genau das!

Ansonsten...? Es ist *Ihre* Interpretation! Gehen Sie noch einmal richtig rein in die Rollen und lassen es krachen!

- **Das richtige Tempo und Timing**

Wir sollten jetzt dringend noch etwas anderes üben. Wenn ungeübte Personen Texte vortragen, dann tun sie das in der Regel viel zu schnell. Als ob ihnen der Leibhaftige auf den Fersen wäre. Nur schnell wieder runter von der Bühne, raus aus dem Fokus der vermeintlichen Kritiker! Regelrechte Panik scheint da so manchen zu überwältigen...

Der folgende Übungstext wird Ihnen helfen, das richtige Tempo zu finden. Das richtige Tempo hat zwei, sich gegenseitig ergänzende, Aspekte.

Das richtige Tempo haben Sie einerseits, wenn Sie sich in Harmonie mit den Bedürfnissen Ihrer Atmung befinden. *Man muss auch manchmal einatmen.* Das braucht seine Zeit. (Siehe Kapitel 1, Seiten 9/10)

Das richtige Tempo haben Sie andererseits, wenn Ihr Publikum den Inhalten Ihrer Ausführungen folgen kann. Ein Tatsachenstakkato oder Inhaltsgewitter, das Reden ohne Punkt und Komma, überfordert jeden Zuhörer. Häufig läuft beim Zuhören ein innerer Film mit. Auch dieser Film braucht seine Zeit und das richtige Tempo, damit die Inhalte auch wirklich ankommen.

Der Clou ist: Die Zeit, die Sie für eine harmonische Einatmung benötigen, entspricht genau der Zeit, die die Zuhörerschaft für das inhaltliche Verdauen der Informationen braucht, die Sie als Sprecher ihnen vermitteln. Sind Sie entspannt und achten die Bedürfnisse Ihres Körpers, dann ist es das Publikum auch. Dann finden Sie Gehör. Alles ist gut.

Während meiner Ausbildung wurde durchschnittlich sechs Einzelstunden lang an einem Text gearbeitet, bis die jeweilige Lehrerin (endlich) zufrieden war. Zwischen den Unterrichtsstunden lag jeweils eine Woche Zeit. In dieser Zeit sollte natürlich geübt werden. Bitte nehmen Sie sich mindestens sechs Übungstage. Sie werden jedes Mal sicherer werden und sich vielleicht auch jedes Mal noch ein wenig mehr trauen...

> Den folgenden Übungstext erhielt ich vor vielen Jahren, als Kettenbrief, in meinem normalen Postbriefkasten. Wie so häufig, bei dieser Art Briefen, ist der Inhalt sehr bedeutungsschwanger. Jede Menge starker Aussagen und über jede könnte man lange nachdenken. Wird dieser Text zu schnell vorgetragen, wird das Publikum sehr bald entgeistert dreinschauen. Alle mit großen, unsichtbaren Fragezeichen auf der Stirn: „Häää, wie bitte?".

> VOR dem Vortrag lesen Sie bitte den Text (und alle folgenden Texte auch!) zuerst einmal still. Machen Sie sich mit dem Inhalt vertraut.

> DANN lesen Sie den Text noch einmal still und sehr langsam. Achten Sie auf die Bedeutung der Worte UND auf die begleitenden Gefühle, die die Worte bei Ihnen auslösen.

Spüren Sie die Wirkung, die der Text auf Sie selbst ausübt.

Stellen Sie sich vor, wie ein Profi diesen Text vortragen würde.

UND JETZT sind Sie der Profi! Fühlen sich wie ein Profi und sprechen genau so!

Folgende Gestaltungsparameter stehen Ihnen für das Üben zur Verfügung. Bitte streben Sie nicht danach, alle auf einmal zu verwirklichen. Ich möchte Ihnen an dieser Stelle nur schon einmal eine Idee geben, welche Möglichkeiten Sprechern zur Gestaltung eines Textes zur Verfügung stehen...

- Stimme: Klang und Tonhöhe, Dynamik, Kraft und Lautstärke.

- Emotionen: Wie geht es Ihnen mit den Inhalten des Textes? Machen Sie das durch den Stimmklang hörbar.

- Pausen: Nehmen Sie sich genug Zeit für den nächsten Einatem, bevor Sie weiter sprechen.

- Haltung und Position: Der Vortrag muss natürlich keinesfalls statisch sein. Sie dürfen sich bewegen, agieren. Vielleicht möchten Sie gelegentlich Ihre Position im Raum wechseln oder den Text generell gehend vortragen?

Zum Üben können Sie den Text kürzen, ihn sich so zusammenstellen, wie Sie möchten. Benutzen Sie aber nicht nur die kurzen Aussagen, sondern achten auf einen guten Mix. Es reicht, wenn Sie sich auf zehn Aussagen beschränken – weniger sollten es allerdings nicht sein.

Glückstantra aus Nepal

Gib den Menschen mehr, als sie erwarten, und tue es gern.

Lerne Dein Lieblingsgedicht auswendig.

Glaube nicht allem, was Du hörst, gib alles weg, was Du hast, und schlafe soviel, wie Du willst.

Wenn Du „Ich liebe Dich" sagst, sei ehrlich.

Wenn Du zu jemand „Es tut mir Leid" sagst, schaue ihm/ihr in die Augen.

Bleibe mindestens sechs Monate verlobt, bevor Du heiratest.

Glaube an die Liebe auf den ersten Blick.

Lache nicht über anderer Leute Träume.

Liebe tief und leidenschaftlich. Du kannst Dich damit zwar verletzen, aber es ist der einzige Weg, das Leben vollkommen zu leben.

Kämpfe bei Auseinandersetzungen mit fairen Mitteln.

Mache keinen Gebrauch von Schimpfwörtern.

Beurteile einen Menschen nicht nach seinen Verwandten.

Sprich langsam, aber denke schnell.

Wenn Dir eine Frage gestellt wird, der Du nicht antworten möchtest, lächle und frage: „Warum fragst Du?"

Bedenke, dass große Liebschaften und große Errungenschaften mit Risiko einhergehen.

Rufe Deine Mutter an.

Sage „Gesundheit", wenn jemand niest.

Wenn Du verlierst, behalte die Lektion.

Denke an die drei „R´s": „respect" für Dich selbst, „respect" für Deinen Nächsten, und „responsibility" für Deine Taten.

Lasse nicht zu, dass ein kleines Missverständnis große Freundschaften zerstört.

Wenn Dir bewusst wird, einen Fehler begangen zu haben, unternimm etwas dagegen.

Lächle, wenn Du am Telefon sprichst. Die Person, mit der Du sprichst, wird es an Deiner Stimme hören.

Heirate eine Frau / einen Mann, mit der / dem Du Dich gerne unterhältst. Wenn ihr alt werdet, wird sich diese Fähigkeit, genau wie alle anderen auch, auszahlen.

Verbringe mehr Zeit allein.

Öffne Dich für Neues, aber gib Deine eigenen Werte nicht auf.

Bedenke: Die Stille ist manchmal die beste Antwort.

Lies mehr Bücher und schaue weniger fern.

Lebe ein gutes und ehrenvolles Leben. Wenn Du alt bist, kannst Du zurückschauen, und Dein Leben noch einmal genießen.

Habe Vertrauen in Gott, aber schließe Dein Auto ab.

Es ist sehr wichtig, eine liebevolle Atmosphäre zu Hause zu schaffen. Tue Dein Bestes, um ein harmonisches Zuhause zu schaffen.

Bedenke bei Auseinandersetzungen mit geliebten Menschen lediglich die aktuelle Situation. Sprich nicht von der Vergangenheit.

Vergiss nicht zwischen den Zeilen zu lesen.

Teile Dein Wissen, so kannst Du Unsterblichkeit erlangen.

Sei sorgsam mit unserem Planeten.

Bete, denn das Gebet hat eine unermessliche Macht.

Unterbrich niemanden, der Dich gerade lobt.

Kümmere Dich um Dein eigenes Leben.

Traue keiner Frau / keinem Mann, die / der beim Küssen nicht die Augen schließt.

Wenn Du viel Geld verdienst, benutze es, um anderen zu Deinen Lebzeiten zu helfen, denn dies ist die höchste Befriedigung, die Geld bringen kann.

Bedenke, dass etwas nicht zu erreichen, was man sich wünscht, einen Glücksfall bedeuten kann.

Lerne alle Regeln, und brich ein paar.

Denke daran, dass die beste Beziehung diejenige ist, in der sich die Partner gegenseitig mehr lieben als brauchen.

Schätze Deinen Erfolg nach allem, worauf Du verzichten musstest, um etwas zu erreichen.

Bedenke, dass Dein Charakter Dein Schicksal ist.

Genieße die Liebe und die Kochkunst mit aller Hingabe.

Es gibt sehr viele Möglichkeiten, diesen Text zu verhunzen oder ihn so zu sprechen, dass man lieber davonlaufen möchte, anstatt weiter zuzuhören. Ihr Ziel sollte allerdings eher darin bestehen, die Aufmerksamkeit Ihrer Zuhörer zu halten oder sie gar noch zu steigern, während Sie den Text vortragen. Dies gilt insbesondere dann, wenn Sie diesen Text nicht mögen. Warum? Weil die, die den Text mögen, ihren Worten ganz automatisch eine Energie mitgeben, die die Aufmerksamkeit der Zuhörer eher fesselt. Diese Energie müssen alle anderen mit bewusster Anstrengung zusätzlich erzeugen, wenn sie die gleiche Wirkung erzielen wollen.

Einige Tipps, wie Sie häufig gemachte Fehler vermeiden können, möchte ich an dieser Stelle skizzieren:

> Üben Sie nicht nur das reine Sprechen. Üben Sie schon den Gang zu dem Platz, von dem aus Sie sprechen werden oder üben Sie einfach das Aufstehen, von einer Essenstafel beispielsweise und den Beginn.

> *Finden* Sie den perfekten Zeitpunkt für den Beginn!

> Nehmen Sie sich Zeit beim Vortragen. Atmen Sie nach jeder Aussage, in Ruhe, tief ein. Mit der Gelassenheit eines fernöstlichen Meditationslehrers...

> Machen Sie immer wieder Blickkontakt mit Ihren Zuhörern, schauen Sie nicht nur starr aufs Papier.

- **Spannungsausgleich**

DER Tipp für einen vollen, kräftigen und doch weichen und warmen Stimmklang, für eine ausgeglichene Körperspannung, mit gleichzeitiger Entlastung des Halses und für Ruhe und Gelassenheit beim Vortrag ist: *Anlehnen*. Nicht irgendwie anlehnen, sondern richtig. Wie das geht, folgt jetzt:

> Zunächst suchen Sie sich bitte ein Stück freie Wand. Zur Not geht auch eine Tür oder ein Schrank. Dann benötigen Sie einen großen, weichen Ball (Pezzi- oder Sitzball sind ideal, kleinere Bälle sind auch OK), oder ein dickes, festes Kissen.

> Stellen Sie sich mit dem Rücken zur Wand und halten den Ball bereit. Sie kennen den Ort Ihres Kreuzbeins? Das ist die Stelle der Wirbelsäule oberhalb des Steißbeins und unterhalb der Lendenwirbelsäule, wo der Rücken endet und das Gesäß beginnt. An dieser Stelle sind einige Wirbel zu einer einzigen, festen Knochenplatte verwachsen.

> Dorthin platzieren Sie den Ball und lehnen sich dann damit an die Wand. Der Ball ist Ihr Halt. Die Wand wird sonst mit keinem anderen Körperteil berührt. Lassen Sie die Knie dabei lo-

cker und ganz leicht gebeugt. Es ist wie der Beginn einer „Hinsetzbewegung". Sie geben Ihr Gewicht *vollständig* an den Boden und an die Wand ab, *lassen sich* vom Boden *tragen* und von der Wand *stützen*.

In dieser Haltung blühen Stimmen auf! Weil der Hals frei wird und die Spannungen sich gleichmäßig im Körper verteilen.

Sprechen Sie den Text nochmals in dieser Haltung.

Spüren Sie die Kraft Ihrer Stimme?

Spüren Sie, wie die Schwingungen Ihrer Stimme sich jetzt im ganzen Rumpf ausbreiten?

Legen Sie beim Sprechen einmal eine Hand auf den Brustkorb und fühlen die feinen Vibrationen des Klanges Ihrer Stimme. So sprechen Profis. Mit dem *ganzen* Körper.

Sie können in dieser Haltung üben und so ein Gefühl dafür bekommen, mit dem ganzen Körper zu sprechen. Ich kann es gar nicht genug betonen:
Dies ist die Übung, mit der die meisten Durchbrüche erzielt werden.

Später können Sie dann dazu übergehen, sich vorzustellen, Sie stünden angelehnt an eine feste Wand. Kurz bevor Sie anfangen zu sprechen. Wenn das Gefühl erst einmal sicher im Körpergedächtnis verankert ist, dann reicht die bloße Vorstellung, um die Körperspannung entsprechend auszugleichen und Ihren Hals und die Stimme zu öffnen.

Sind Sie mutig und schon sehr sicher? Dann überraschen Sie einfach jemanden mit einem Vortrag, dem Sie vertrauen. Erklären Sie dieser Person vorher oder nachher die Hintergründe, wenn Sie möchten.

Wenn das gut gelaufen ist, können Sie als nächsten Schritt vielleicht das Treffen des Stammtisches, des Kaffeekränzchens, der Skatrunde oder des Kegelclubs als Bühne benutzen und so noch mehr Sicherheit gewinnen.

- **Umgang mit Fehlern und Unsicherheiten**

Sollten Ihnen im Vortrag Fehler unterlaufen, lassen Sie sich das nicht anmerken und fahren fort, als wäre nichts geschehen. Es mag sein, dass einige Zuhörer ob eines Fehlers schmunzeln, auch das sollte Sie nicht verunsichern – schmunzeln Sie mit. Das macht Sie menschlich und sympathisch. Nutzen Sie Ihren Charme und Ihren Humor. Ihre Zuhörer kennen den Text nicht, die meisten Fehler bleiben daher unerkannt, wenn Sie einfach fortfahren.

Viele Menschen wollen perfekt sein. Wenn man sie fragt, werden sie durchaus zugestehen, dass sie keine perfekten Menschen kennen. Woran liegt es dann, dass sie ausgerechnet sich selbst keine Fehler zugestehen? Klar, wir wären alle gern Superman oder Wonderwoman, fehlerfrei, makellos, perfekt. Ist dieses Ziel jedoch so realistisch, dass man sich allen Ernstes solchen Maßstäben unterwerfen sollte??

Fehler geschehen.

Der Umgang mit Fehlern ist eine Klippe, die es zu meistern gilt.

Dies gilt für alle Menschen, die vor Publikum sprechen, für Profis und auch für Laien. Setzen Sie sich das Ziel, eigene Fehler mit Humor und Nachsicht zu behandeln. Halten Sie sich nicht mit ihnen auf. Machen Sie weiter und führen Ihre Rede oder den Vortrag zu Ende. Dann ernten Sie den Applaus. Nehmen Sie den Applaus an. Trotz eventueller Fehler.

- **Applaus**

Warum sage ich das, dass Sie den Applaus entgegen nehmen sollen? Weil ich es schon oft beobachtet habe, wie Leute nach einem Vortrag fluchtartig die Bühne verlassen. Den Applaus und den Zuspruch nehmen sie gar nicht mehr wahr und achten ihn auch nicht, weil sie sich immer noch mit den ein bis zwei Fehlern beschäftigen, die ihnen vielleicht unterlaufen sind. Sie schämen sich darum und meinen, sie hätten keinen Applaus verdient.

Wechseln Sie bitte einmal die Perspektive. Sie waren gerade Zeuge eines Vortrages. Die Person, die den Vortrag hielt, war nervös, hatte Lampenfieber oder eventuell sogar panische Angst vor dieser Rede, hat sich aber trotzdem der Situation gestellt. Bis auf ein paar kleine Fehler hat sie sich bravourös geschlagen. Freuen Sie sich nicht auch mit dieser Person, die gerade großen Mut bewiesen hat? Spenden Sie dann nicht ehrlichen Beifall?

Wie fühlen Sie sich nun, wenn diese Person Ihren Zuspruch nicht annehmen kann oder will? Wenn sie gar abwinkt und signalisiert, dass sie eigentlich, wegen der Fehler, keinen Beifall verdient hat? Es ist doch, als wenn man als Applaudierender eine Backpfeife bekommt, oder?

Bitte verteilen Sie keine Backpfeifen ans Publikum. Nehmen Sie den Zuspruch an, auch wenn Ihnen Fehler unterlaufen sind!

- **Überwindung von Schwierigkeiten**

Es wäre schön, wenn es immer so wäre, wie ich es Ihnen eben geschildert habe: Harmonisch. Nett. Unterstützend. So ist es jedoch leider nicht immer. Vielleicht befinden Sie sich in einer starken Konkurrenzsituation mit den Zuhörern, in einer Prüfungssituation oder werden gar von Publikum oder Kollegen gemobbt. Dann werden diese Leute wahrscheinlich nicht einmal den kleinen Finger rühren, um Ihnen Beifall zu spenden oder überhaupt auch nur ein winziges Lächeln zeigen.

Was dann? Vielleicht gibt es im Publikum wenigstens eine Person, die sie schätzt, die ihnen ein kleines Lächeln schenkt. *Sprechen Sie zu dieser Person.* Ignorieren Sie die Anderen, so weit es möglich ist. Das Lächeln nur einer Person kann Sie durch den ganzen Vortrag tragen. Nutzen Sie es, nehmen Sie diese Hilfe an.

„Nein", sagen Sie, „ Mein Job ist wie eine Löwengrube, da ist niemand, der mich unterstützt." In diesem Fall sollten Sie sich anders helfen. Was dann hilft, ist wieder mal die Vorstellungskraft. Ich will Ihnen einige Beispiele geben, die Sie selbstverständlich auf Ihre eigenen Bedürfnisse passend umbauen können. Oder nutzen Sie Ihre eigene Phantasie...

Stellen Sie sich vor,...

- ... all diese finster drein blickenden Menschen seien Außerirdische, die nicht lächeln *können*.

- ... Sie hätten all diesen Leuten heimlich Spülwasser-Kaffee vorsetzen lassen. Bis zum Ende des Meetings gibt es nur diese Brühe...

- ... Sie stünden vor einer Gruppe entzauberter Prinzen und Prinzessinnen. Leider hat die Entzauberung noch nicht so richtig geklappt, denn alle schauen noch wie Kröten.

- ... all diese Leute hätten nur Unterwäsche an.

- ... diese Menschen, mit denen Sie sich in Konkurrenz befinden, schauen deshalb so griesgrämig, weil Sie so *gut* sind. Je mürrischer diese Leute blicken, um so besser sind Sie in Wirklichkeit.

- Nehmen Sie die unfreundliche Atmosphäre als Herausforderung an. Niemand kann es allen Recht machen. Auch Sie nicht. Wenn Sie es nur schaffen, die Selbstachtung zu wahren, dann haben Sie gewonnen. Mehr geht manchmal aufgrund spezieller Umstände nicht. Akzeptieren Sie dies und machen das Beste daraus.

Manchmal ist das Beste, was man erreichen kann, die Selbstachtung zu wahren.

Was bewusst in Ihrem Kopf vorgeht, das bestimmen ja Sie allein. In schwierigen Situationen ist Humor besonders wichtig. Humor entspannt. Humor vermindert Druck. Humor lässt den Kloß im Hals schrumpfen. Können Sie dem Drama, das sich manchmal vor Ihren Augen abspielt, etwas Lustiges abgewinnen?

Ähnlich wie bei der Atmung, deren Gestalt, Form und Tiefe Auswirkungen auf unser unbewusstes Nervensystem hat, verhält es sich auch mit dem Einsatz von Humor. Es findet eine Auflockerung statt, die bis in die Tiefen des Wesens wirkt und auch das unbewusste Nervensystem umfasst. Ich sprach weiter oben bereits kurz von der Funktionsweise des autonomen Nervensystems. Jetzt haben Sie noch ein Werkzeug, mit dem Sie den Automatismen stressiger Situationen ein Schnippchen schlagen können.

P.S.: Nehmen Sie sich selbst ernst, jedoch nicht zu ernst. Üben Sie sich ruhig etwas in *wohlwollender* Selbstironie.

P.P.S.: Bitte seien Sie unter allen Umständen nett zu sich selbst. Die meisten Menschen, die ich kenne, mich selbst eingeschlossen, sind häufig zu selbstkritisch. Kinder unserer kritischen Gesellschaft. Sie können sich nur schlecht Fehler und Unvollkommenheiten verzeihen und gehen manchmal sehr hart mit sich ins Gericht. Gehören Sie vielleicht auch zu den Leuten, die sich selbst manchmal im Stillen „Trottel", „Tollpatsch" oder „Feigling" nennen? Sagen Sie so etwas auch Ihren Freunden ins Gesicht? Nein? Warum dann sich selbst?

- **Klang der Sprechstimme 2, Gestaltung von Sprache,**

Mit dem folgenden Übungstext wird die Wandlungsfähigkeit der Stimme gefördert. Es sind vier unterschiedliche Rollen zu sprechen und zu gestalten. Jede dieser Rollen sollte ihre ganz eigene Stimmcharakteristik haben.

Die Rollen sind real und doch irgendwie überzogen, sie machen das Üben zu einem Vergnügen.

Jede Rolle hat eine eigene Persönlichkeit, eine ganz eigene Stimmung und trägt völlig unterschiedliche Emotionen. Beim Eintreten in diese Rollen, lassen Sie Ihre gewohnten Reaktions- und (Selbst-) Darstellungsmuster für eine Weile ruhen.
Sie lernen dadurch, mit Ihrer Stimme zu spielen, so wie es Kinder tun. Sie erweitern Ihr Repertoire an Gestaltungsmöglichkeiten und steigern Ihre innere Beweglichkeit. Kinder lernen spielerisch. Es ist die einfachste und effektivste Form des Lernens, die auch im fortgeschrittenen Alter

noch genau so gut funktioniert, wenn wir uns darauf einlassen.

Verfahren Sie zur Vorbereitung des Sprechens wieder so, dass Sie den Text, zunächst einmal, einfach nur still lesen.

Beim zweiten Lesen stellen Sie sich bitte schon vor, wie Sie diesen Text gestalten. Folgende Gestaltungsmöglichkeiten stehen dabei zu Ihrer Verfügung:

- Stimme: Klang und Tonhöhe, Dynamik, Kraft und Lautstärke.

- Emotionen: Den Charakteren der vier Rollen entsprechend:

  1. Der bedächtige Friese, den nichts aus der Ruhe bringt.

  2. Der Butt – zuerst vielleicht ängstlich flehend, später eher genervt.

  3. Ilsebill – hat Haare auf den Zähnen und weiß ihren Mann zu führen.

  4. Der Erzähler – vielleicht die schwierigste Rolle. Er gestaltet die Atmosphäre und transportiert die Magie des Märchens. Die lang gezogenen Vokale, gleich zu Beginn des Märchens, sind natürlich genau so zu sprechen: lang und gedeeehnt!

- Pausen: Nehmen Sie sich bei den Rollenwechseln genug Zeit, so dass Sie die jeweils neue Rolle auch wirklich gut spüren, bevor Sie sie sprechen. Mit der Zeit spüren Sie sich ein, dann wird es automatisch flüssiger.

- Haltung und Position: Der Vortrag muss natürlich keinesfalls statisch sein. Sie dürfen sich bewegen, agieren. Vielleicht wollen Sie beim Rollenwechsel auch Ihre Position im Raum wechseln?

Vom Fischer und seiner Frau

Es waren einmal ein Fischer und seine Frau, die wohnten zusammen in einem alten Topfe, dicht an der See, und der Fischer ging alle Tage hin und angelte... - ... und er angelte und angelte... So saß er auch einst bei der Angel und sah immer in das klare Wasser hinein... - ... und er saaaß und saaaß.

Da ging die Angel auf den Grund, tiiiief hinunter, und als er sie herauf holte, zog er einen grooßen Butt heraus. Da sagte der Fisch zu ihm:

"Hör' einm, Fischer, ich bitte dich, lass mich leben, ich bin kein rechter Fisch, ich bin ein verwünschter Prinz. Was hilft es dir, wenn du mich tot machst? Ich würde dir doch nicht recht schmecken; setze mich wieder ins Wasser und lass mich schwimmen."

"Nun", sagte der Mann, "du brauchst nicht so viele Worte zu machen; einen Fisch, der sprechen kann, hätte ich so schon schwimmen lassen."

Damit setzte er ihn wieder ins klare Wasser; da ging der Fisch auf den Grund und zog einen laaanngen Streifen Blut nach sich.

Nun stand der Fischer auf und ging zu seiner Frau in den Topf.

"Mann", sagte die Frau, "hast du heute nichts gefangen?"

"Nein", sagte der Mann, "ich fing einen Fisch, der sagte, er wäre ein verwünschter Prinz, da hab' ich ihn wieder schwimmen lassen."

"Hast du dir denn nichts gewünscht?" fragte die Frau.

"Nein", sagte der Mann, "was sollt' ich mir wünschen?"

"Ach", sagte die Frau, "das ist doch schlimm, hier immer so im Topfe zu wohnen; es ist eeeklig und stinkt. Du hättest uns doch eine kleine Hütte wünschen können. Geh' noch einmal hin und rufe ihn; sag' ihm, wir möchten gern eine kleine Hütte haben, er tut es gewiss."

"Ach", sagte der Mann, "was sollt' ich noch einmal hingehen?"

"Ei", sagte die Frau, "du hattest ihn doch gefangen und hast ihn wieder schwimmen lassen, er tut es gewiss. Geh' gleich hin."

Der Mann wollte noch nicht recht, wollte aber seiner Frau nicht zuwider sein und ging hin an die See. - Als er dort ankam, war die See ganz grün und gelb und gar nicht mehr so klar. So stellte er sich hin und sagte:

"Manntje' Manntje, Timpe Tee,

Buttje' Buttje inne See,

Mine Fru, die Ilsebill,

Will nicht so, wie ich gern will."

Da kam der Fisch an geschwommen und sagte: "Na, was will sie denn?"

"Ach", sagte der Mann, "ich hatte dich doch gefangen gehabt, und meine Frau sagt, ich hätte mir auch etwas wünschen sollen. Sie mag nicht mehr in einem Topfe wohnen, sie möchte gern eine Hütte haben."

"Geh' nur hin", sagte der Fisch, "sie hat sie schon."

- **Feedbackschleifen**

In meinen Kursen gehört es ja dazu, dass beim Entwickeln der Rollen jeweils die anderen Kursteilnehmer dabei sind und zuschauen und anschließend Tipps und Feedback geben. Wenn Sie diesen Text jemandem vortragen, sollten Sie zu Ihrem Schutz erwähnen, dass Sie sich noch in der Übungsphase befinden und diese Person um ihre Meinung insofern bitten, dass Sie es nicht mit einem nichts sagenden Feedback bewenden lassen. Bitten Sie sie, Ihnen *genau* zu erklären, was sie gut fanden und was eventuell noch nicht ganz stimmig war.

ACHTUNG. Unsere Gesellschaft trainiert den kritischen Blick. Sie werden wahrscheinlich keine Mühe haben, jemanden zu finden, der Ihnen sagt, was in seinen Augen „falsch" war. Wählen Sie bitte Menschen aus, die in der Lage sind, auch und gerade positive Aspekte zu erkennen und zu benennen. Ein: „Och ja, war schon ganz gut...", bringt Sie nicht wirklich weiter.

Haken Sie in einem solchen Falle bitte einfach nach:

„Wie war das Tempo?",
„ Konntest Du alles verstehen?",
„Habe ich die Stimmung getroffen?" und so weiter...

Sollten Sie dann immer noch nur einsilbige Rückmeldungen erhalten, müssen Sie sich vielleicht jemanden suchen, der gesprächiger ist.

Noch einmal Achtung: Rechtfertigen Sie sich nicht! Streichen Sie für diese Situationen das „aber" aus Ihrem Vokabular. Beißen Sie sich lieber auf die Zunge, als sich zu rechtfertigen. *Eine Rechtfertigung entkräftet in der Regel die Rückmeldung, oder zerstört sie gar.* Zusätzlich schwindet bei Anderen die Bereitschaft, Ihnen ehrliches Feedback zu geben. Lassen Sie auch unbequeme Rückmeldungen auf sich wirken und sagen allenfalls: „Wirklich? Das hätte ich nicht gedacht..." Sie erhalten sich dadurch die Chance zu durchaus nützlichen Fragen:

„Was hätte ich denn, aus Deiner Sicht, besser machen können?", oder „Was hat Dir gefehlt?"

Für einen Lernprozess sind diese Fragen und die darauf folgenden Antworten ungeheuer wichtig.

- **Sprechen mit Mikrofon**

Stellen Sie sich zuerst die Frage, ob Sie ein Mikrophon überhaupt brauchen. Das hängt natürlich von der Größe des Raumes und des Publikums, Ihrer Stimme und der Akustik des Raumes ab. Beachten Sie: Teppiche dämpfen den Schall und machen das Sprechen ohne Mikro daher tendentiell schwerer. Parkettböden hingegen wirken akustisch zumeist günstiger. Die Akustik eines Raumes verändert sich stark, sobald das Publikum im Raum ist. Die Menschen dämmen einerseits und erzeugen andererseits Nebengeräusche, Störschall. Sie sollten selber spüren, ob Sie ein Mikrofon benötigen: Es kann Ihnen einerseits viel Stress ersparen und Ihre Stimme sehr schonen; andererseits kann es bei ungeübten

Personen auch zunächst einmal Stress verursachen. Bitte üben Sie daher vor dem Einsatz des Mikros – sie können dann schon von den Erfahrungen zehren, wenn Sie den Auftritt haben.

Wenn Sie die Wahl zwischen verschiedenen Arten von Mikrophonen haben, wählen Sie das **Headset**. Es hat einen Bügel für den Kopf, es wird befestigt wie ein Kopfhörer und hält, ohne dass Sie sich beim Sprechen groß darum kümmern müssen. Piloten beispielsweise haben auch solche Headsets, Kopfhörer und Mikrofon in einem.

Ansteckmikrophone, die an Kleidung oder Krawatte festgesteckt werden, sind ebenfalls gut, doch die Entfernung zum Mund ist größer und bei Bewegungen des Kopfes verändert sich schnell die Qualität und Lautstärke.

Oft haben Sie keine Wahl und müssen dann ein **Handmikrophon** verwenden. Dieses schränkt Ihre Bewegungsfreiheit deutlich ein. Gesten werden schwieriger und können nur noch asymmetrisch mit der freien Hand ausgeführt werden. Das bedeutet unbedingt: das Mikro gehört in die inaktive Hand! Nehmen Sie es als Rechtshänder also nicht – wie es meist automatisch geschieht – in Ihre rechte Hand.

Dort bleibt es dann möglichst ruhig im immer gleichen Abstand vor Ihrem Mund. Halten Sie das Mikro in der Verlängerung Ihrer Nase und so tief, dass es ungefähr vor Ihrem Kinn platziert ist. Das Problem vieler Sprecher ist, dass sie das Mikro direkt vor die Lippen halten. Das hat sehr störende Nebengeräusche zur Folge, bedingt durch Atemwind und kleinere Berührungen mit den Lippen. Vermeiden Sie auch Ringe oder sonstigen Schmuck, der gegen das Mikro schlagen könnte.

Eine nicht sehr schöne, doch zweckmäßige Alternative, ist es, ein Band um den Hals zu hängen und daran das Mikro zu befestigen, so dass es vor Ihrem Kragen hängt. Dies kennen Sie von Marktschreiern, die beide Hände für die Ware frei haben müssen. Die Gefahr dabei ist, dass Geräusche von der Kleidung zu hören sind, doch Sie haben beide Hände frei.

Hat das Handmikro auch noch ein Kabel, ist Ihre Bewegungsfreiheit schnell eingeschränkt. Es kann sich in Ihren Beinen verfangen oder spannen und deswegen werden Sie oft nach unten sehen, sobald Sie gehen.

Im Idealfall gibt es einen **Tontechniker**, der sich um Ihr Mikro kümmert. Dann sollten Sie das Mikro schon vor Ihrem Auftritt einschalten und der Techniker regelt es so lange ab, bis Sie beginnen zu sprechen. Auch die Lautstärke sollte Sie nun nicht weiter interessieren, darum wird sich der Techniker kümmern. Sprechproben oder die Frage „hört man was?" sind unnötig und Sie sollten sie deshalb unterlassen.

Haben Sie niemanden, der sich um die Technik kümmert, schalten Sie das Mikro ein, wenn Sie aufstehen und auf die Bühne gehen, möglichst unsichtbar für Ihr Publikum. Funktion und Lautstärke haben Sie vorher überprüft und Sie beginnen wieder einfach zu sprechen. Verzichten sie auch hier selbst auf Klopfen oder andere Funktionstests. Sollten Sie nicht zu hören sein – je nach Anordnung der Lautsprecher, kann man das selbst oft nicht beurteilen – wird Sie das Publikum darauf aufmerksam machen.

Manche sprechen auch trotz Verstärker noch sehr laut. Sprechen Sie eher leise, Ihre Stimme klingt besser und wird trotzdem auf die richtige Lautstärke verstärkt.

Falls Sie Fragen aus dem Publikum erwarten, wäre es gut, wenn dafür ein separates Mikrofon zur Verfügung stünde.

- **Abschluss und Ausblick**

Beim Lernen aus einem Übungsbuch oder nach einer CD, kann ich Ihnen Feedbackschleifen und die Beantwortung von Fragen natürlich nicht bieten. Ich stelle es daher in Ihre Eigenverantwortung, sich wertvolle Rückmeldungen von Freunden, Partnern, Bekannten, Kollegen oder auch von einem Profi einzuholen. Wählen Sie die Personen gut und sorgfältig aus, dann wird es Ihren Lernprozess voranbringen. Sie können natürlich auch einen meiner Workshops besuchen. Es fehlt Ihnen etwas, wenn Sie Lernen, ohne sich Rückmeldungen über Ihre Wirkung einzuholen. Lassen Sie auch diesen Prozess zu, er wird das Lernen abrunden...

Ich wünsche Ihnen nun viel Erfolg.

Danke

Danke meiner lieben Frau Ulrike,
die mich unterstützt und korrigiert hat.

Danke meinem Freund Michael Dwelk,
der mich ermutigte,
dieses Manuskript verlegen zu lassen.

Danke allen Teilnehmern meiner Workshops,
für ihr Vertrauen und
ihren Mut zur Veränderung.

Danke meinen Lehrerinnen und Lehrern,
für ihre Geduld, Führung und Förderung.

Danke Gott,
für die Inspiration.

Herstellung und Verlag:
Books on Demand GmbH, Norderstedt
ISBN 978-3-8423-4885-1